KB057621

화병의 인문학

전통편

iMH
경희대학교 인문학연구원
HK+통합의료인문학연구단
통합의료인문학 논고

02

화병의 인문학

전통편

의료문학으로 보는 화병

김양진 염원희 지음

도서출판 모시는사람들

경희대학교 인문학연구원 / HK+통합의료인문학연구단 / 통합의료인문학문고02

화병의 인문학 - 전통편

등록 1994.7.1 제1-1071
1쇄 발행 2020년 10월 31일

기 획 경희대학교 인문학연구원 HK+통합의료인문학연구단
지은이 김양진 염원희
펴낸이 박길수
편집장 소경희
편 집 조영준
관 리 위현정
디자인 이주향
삽 화 김영민
펴낸곳 도서출판 모시는사람들
　　　 03147 서울시 종로구 삼일대로 457(경운동 수운회관) 1207호
전 화 02-735-7173, 02-737-7173 / 팩스 02-730-7173

인 쇄 (주)성광인쇄(031-942-4814)
배 본 문화유통북스(031-937-6100)
홈페이지 http://www.mosinsaram.com/

값은 뒤표지에 있습니다.
ISBN 979-11-6629-002-2　　04000
세트　 979-11-88765-98-0　　04000

이 도서의 국립중앙도서관 출판예정도서목록(CIP)은 서지정보유통지원시스
템 홈페이지(http://seoji.nl.go.kr)와 국가자료공동목록시스템(http://www.
nl.go.kr/kolisnet)에서 이용하실 수 있습니다.(CIP제어번호:CIP2020037456)

이 저서는 2019년 대한민국 교육부와 한국연구재단의 지원을 받아 수행된
연구임(NRF-2019S1A6A3A04058286).

머리말

　전통과 근대의 구분은 자의적인 측면이 있지만 편리합니다. 근대의 우월함이 전제되었다는 점에서 자의적이지만, 새롭게 나타났거나 강화된 속성들을 쉽게 근대라고 규정할 수 있다는 점에서 편리합니다. 근대가 전통과 차이가 없다고 보기도 힘듭니다. 의료의 경우 그 구분은 좀 더 명료합니다. 한국이 대표적일 것입니다. 개항 이후 서양의학은 전통적인 한의학과 여러 측면에서 구분이 되니까요.

　그러나 최근 그 구분에 대한 생각이 바뀌고 있습니다. 생각보다 그 경계가 분명하지 않다는 것입니다. 위에서 이야기했듯이 자의적이고 불명료하다는 것입니다. 상대적으로 지속성이 강한 생활과 문화에서 그 불명료함은 더합니다. 의료를 시술하는 의료인이 아니라 그 대상이 되는 환자의 입장에서 보면, 전통과 근대의 구분은 생각보다 분명하지 않을 것입니다. 질병은 더할 것입니다. 인류가 그렇듯이 질병 역시 전통을 거쳐 근대까지 지속되고 있으니까요.

화병은 그런 점에서 좋은 연구 소재입니다. 전통적인 질병이면서 근대까지 지속되고 있고, 한의학을 넘어 서양의학의 관심대상이 된다는 점에서 그렇습니다. '화병의 인문학'이 전통편과 근현대편 두 권으로 나뉘어 출간되는 이유도 그 연속성에 주목했기 때문입니다. 나아가 화병은 한국의 특수성을 보여줄 수 있는 소재입니다. 한국에만 존재하는 질병이니까요. 그렇게 생각하면, '화병의 인문학'은 한국이라는 구체적인 공간을, 전통과 근대라는 시대를 파악하려는 야심찬 기획이라고 평가할 수 있습니다.

'화병의 인문학'은 경희대 통합의료인문학연구단이 추진한 첫 기획의 산물입니다. 그동안 의료인문학은 의료인들이 주도했습니다. '인간적인 의사 만들기'는 의학교육의 주요 목표이고, 의료인문학은 그 목표를 실행할 수 있는 주요 학문이었습니다. 하지만 이 글의 저자들은 한국 국어국문학 전공자입니다. '화병의 인문학'은 의료인문학에 인문학자들이 본격적으로 참여하기 시작했다는 증거입니다. 그 참여를 통해 의료인문학은 물론 인문학 역시 성장해 나가리라 믿습니다. '화병의 인문학'은 경희대 통합의료인문학연구단이 추구하는 지향을 알려주고 있습니다.

경희대 통합의료인문학연구단의 첫 기획을 완성해 준 최성민, 염원희, 박성호 선생님, 기획을 제안하고 추진하신 김양진 선생님께 감사드립니다. 이 책 '화병의 인문학: 의료문학으로 보는 화병' 전통편은 김양진, 염원희 선생님이 저술을 담당했습니다. 우리 연구단의 이번 기획도 도서출판 모시는사람들의 힘을 빌려 나올 수 있었습니다. 박길수 대표님께 감사드립니다. 문학은 사학이나 철학보다 상대적으로 쉽게 독자에게 다가갈 수 있는 학문이라 생각합니다. 야심적으로 기획되고 완성된 이 책이 의료문학을, 나아가 의료인문학을 고민하는 분들께 사랑을 받을 수 있기를 기대합니다.

2020년 9월
경희대 인문학연구원 HK+통합의료인문학연구단 단장 박윤재

화병의 인문학 – 전통편

1

총론: 화병을 '이야기' 하다

화병(火病)은 한국 문화를 배경으로 형성된 '문화결합 증후군 (culture-bound syndrome)'의 일종으로 알려져 있다. 이 책은 우리 전통 문학작품에 형상화된 화병의 사례와 화병에 대한 역사 기록, 사회구조가 원인이 되어 나타난 화병의 사례 등을 다양하게 수집하여 화병의 병리적 증상과 그 원인을 들여다본다는 취지에서 기획된 교양서이다. 화병은 의학 용어이기 이전에 일상생활에서 사용되는 친연성 있는 표현으로, 한국인의 한의 문화와 깊은 관련을 맺고 있다. 인생을 살면서 누구나 한 번쯤 느꼈을 억울함과 분노라는 감정과 관련이 있고, 오래 참는 것이 원인이 되어 발생하는 질병이어서 인내를 큰 덕목으로 여기는 한국 문화에서 더욱 보편적으로 나타나기도 한다. 이 책을 출발점으로 하여 앞으로 문학은 물론 역사와 철학 등 인문학의 여러 분야에서 화병을 다양한 관점으로 살펴볼 수 있을 것이다.

질병이 단순히 신체적인 문제를 넘어 공통의 문화와 역사적

배경을 가진 사람들이 체험하는 것이라 할 때, 한국인의 화병(火病)은 그 대표적인 사례일 것이다. 이 책은 과거의 역사 기록과 설화, 소설, 그림 등을 통해, 화병이라는 질병이 어떠한 모습으로 한국인의 역사 문화 속에 존재해 왔는지 살펴보는 『화병의 인문학』의 '전통편'에 해당한다. 오래된 기록과 입에서 입으로 전승되어 온 이야기, 고전 문학에 형상화된 화병을 살펴보는 것은 마음병의 문제를 통시적으로 훑어보면서 자신의 마음병도 새롭게 들여다보는 치유의 시간이 될 것이다.

한편 이 책의 말미에는 '화병'과 관련한 한국어 어휘 및 표현을 245항목을 모아 부록을 덧붙여 놓았다. 한국어에서 '화병'이라는 관념의 어휘 지도가 어떻게 구성되어 있는지를 짐작하고자 할 때 1차적으로 참조가 될 자료라고 판단한다.

이 책의 전체 내용을 총괄하여 설명한 '1. 총론-화병을 '이야기'하다'는 저자들이 공동으로 작성했으며, '2. 심화(心火)-짝사랑이라는 이름의 화병', '4. 유전인가 직업병인가-임금님들의 화병', '6. 자식이 웬수-부모들의 훈장, 화병'과 '부록: 화병 관련 어휘/표현 모음'은 국어학과 한국문화를 연구한 김양진이, '3. 기록으로 남은 화병-화병에 걸린 왕들', '5. 대가족 제도의 희생양-고전소설 주인공의 화병', '7. 아내의 도리-뒤틀린 부부관계와 화병'은 고전문학과 민속학 전공자인 염원희가 작성하였다.

2장 '심화(心火)-짝사랑이라는 이름의 화병'에서는 선덕여왕을 짝사랑하였으나 소망을 이루지 못해 안타까워하다가 온몸에 불이 나서 죽어 버린 지귀의 이야기를 화병의 원형적 모습의 하나로 보았다. '지귀설화'로 널리 알려진 이 이야기는 『삼국유사』, 『수이전』, 『대동운부군옥』 등 우리 전통 문헌에 다각도로 기록되어 있는데, 본래 인도의 술파가설화에서 기원한 것으로 동아시아에 널리 퍼진 공통 설화에 해당한다. 특히 지귀설화와 술파가설화 모두 남녀 간 신분의 차이를 극복하지 못하는 안타까움이 단순한 상사병(相思病)을 넘어 자신과 주변을 모두 태우는 사회적 재앙으로 바뀌는, 화병(火病)의 전형적인 공식을 보여줌으로써 인류 보편적인 관점에서의 화병의 한 유형을 이루고 있음을 살펴보고자 하였다.

3장 '기록으로 남은 화병-화병에 걸린 왕들'에서는 화병을 『조선왕조실록』이라는 역사 기록을 중심으로 살펴보았다. 조선 시대 왕이라는 가장 존귀한 존재에게 주어진 정치적 상황과 갈등, 마음의 위축 등을 중심으로 남성 중심의 화병 이야기를 다루었다. 화병에 대한 최초 기록의 주인공인 '선조', 『한중록』에 기록된 사도세자의 마음병, 화병과 연관된 등창으로 인해 죽음에 이르렀다는 정조까지 역사 속에 드러난 화병의 장면을 포착하였다. 화병은 왕이라는 무거운 자리에서 더욱 피할 수 없었던 지독한 마음의 병이었다.

4장 '유전인가 직업병인가-임금님들의 화병'에서는 3장의 연속선상에서 '선조'의 화병이 선조에 그치지 않고 그 아들인 정원군과 아내인 인목대비마저도 화병을 앓다가 세상을 떠나게 되는 상황을 각각이 처한 서로 다른 상황을 대비해서 알아보고, 왕가의 한 가족이 겪었던 이러한 비극적 경험이 그 세대에 그치지 않고 다음 세대, 그다음 세대까지 전해져서 후기 조선 왕조의 커다란 아픔으로 남게 되는 과정을 프랑스의 대문호 에밀 졸라가 쓴 〈루공마카르 총서〉 속 루공가와 마카르가의 이야기와 비교해 보았다.

왕이 정치적 갈등으로 인해 질병을 겪었다면, 5장 '대가족 제도의 희생양-고전소설 주인공의 화병'에서는 18세기 국문장편소설의 주인공들을 통해 가부장제라는 견고한 사회 구조 안에서 가족 구성원들이 느꼈던 정신적 고통을 살펴보았다. 소설은 허구의 세계이지만, 현실을 곡진하게 반영하고 있다는 데서 사회적 의미가 있다. 화병이 한국인의 문화를 배경으로 배태된 질병이므로 그 문화 안에서 발아하여 오랫동안 널리 읽혀 온 국문 장편소설에서는 당시 사람들이 겪었던 정신적 고통과 이로 인해 느낀 신체적 증상들이 반영되어 있다.

화병은 민간의 일반 어휘로 쓰이다가, 현대에 와서 한의학과 정신분석학 분야에서 한국문화와 긴밀한 연관을 가진 '질병명'으로 정착되었다. 전통적으로 질병으로 인식하였던 흔적을 찾을 수 있지만, 의학적으로 질병으로 규정되는 데는 상당한 시간이 걸렸던 셈이다. 그 간극을 메우는 데 국문장편소설이 일정한 역할을 할 수 있을 것으로 보고, 5장에서는 두 편의 소설 주인공, 〈완월회맹연〉의 소교완과 〈유효공선행록〉의 유연을 중심으로 화병에 걸린 이유와 그 증상을 살펴보았다. 소교완과 유연은 갈등의 중심에 위치해 있으며, 이들의 질병이 작품 전반에 걸쳐 지속적으로 나타난다. 한 사람은 분노를 계속해서 바깥으로 터트리고, 또 한 사람은 참고 참다가 우울증에 걸리기도 하고 엉뚱한 사람에게 화를 내기도 하였다. 이러한 병적 증상을 보이는 소설 속의 두 인물을 통해 가족이라는 관계망 안에서 갈등이 생기고 분노가 쌓이는 과정을 반추해보았다.

6장 '자식이 웬수-부모들의 훈장, 화병'에서는 믿고 의지해야 할 아들에게서 말 못 할 고통을 받으며 살아가는 부모들과 새로 맞이한 사위나 며느리와의 갈등 속에서 스스로 해결할 방법을 찾지 못해 괴로워하다가 원인 모를 병(이것이야말로 바로 화병이다.)에 시달리다 죽어간 부모들의 이야기를 소개하였다. 현재와 달리 전통사회에서는 이러한 문제들을 개인의 문제에 그치지 않고 사회 전체의 문제로 보고 해결책을 찾아보고자 한 우리네 선조들의 이야기를 담담한 목소리로 담아보고자 했다. 패륜한 자식을 둔 부모의 마음은 자신의 삶의 존재마저 부정하게 만드는 비극적인 결말까지 이어질 수 있다. 『삼강행실도』, 『속삼강행실도』, 『동국신속삼강행실도』, 『오륜행실도』 등등 조선 시대 내내 이 문제를 해결하고자 효자와 효녀의 삶을 국가의 주요 이데올로기로 강조해 왔던 우리 선조들의 역사를 되새겨볼 필요가 있다.

　7장 '아내의 도리-뒤틀린 부부관계와 화병'에서는 화병이 특히 여성의 질병으로 나타나는 실제 임상적 사례를 고려하여 문학작품과 텔레비전 드라마에 그려진 여성 화병의 양상을 살펴보았다. 화병은 일반적으로 오랫동안의 참는 기간을 거쳤다가 나이가 들어 폭발한다는 점에서 중년여성의 화병은 이 분야의 중요한 관심거리였다. 여성의 화를 돋우는 원인은 다양하겠지만 무엇보다 혼인 관계를 통해 성립된 남편과의 관계나 시댁과의 갈등을 통해 형성되는 경우가 비교적 많다. 이러한 문제는 전통

사회에서 더욱 극단적으로 나타났을 것으로 보인다. 그래서 조선 후기 삼종지도(三從之道)라는 도덕규범을 통해 규정되었던 여성의 삶을 무속신화 〈도랑선비 청정각시〉와 국문장편소설 〈성현공숙렬기〉를 통해 살펴보았다. 시부모의 냉대와 학대, 모든 일에 부모를 우선시하는 '효자' 남편 곁에서 속앓이하다 결국 숙질(宿疾)을 얻게 된 한 여성의 삶을 통해, 인내가 최고의 덕목이었던 시대에 여성에게 강요된 도덕규범 자체가 얼마나 병적인 것이었는지 짐작할 수 있게 된다.

이와 함께 살펴본 텔레비전 드라마 〈모래성〉(1988년, MBC)은 남편의 외도로 상처받은 한 여성의 심리를 조명한 작품으로, 18세기 소설과는 다른 여성의 태도를 보여준다. 여성 스스로 아내의 자리를 포기하고, 중년의 나이임에도 젊은 시절 자신이 원했던 삶을 다시 꿈꾸며 새로운 선택을 함으로써 화병 안에 매몰되지 않는 모습을 보여준다. 이를 통해 인내하는 것만이 능사가 아니며 화를 자기 안에 가두지 않고 정당하게 발산한다면 건강한 삶을 살 수 있다는 화병의 치유 문제를 다루었다.

화병(火病)은 오래된 한민족의 역사 속에서 한국인의 한(恨)이라는 고유의 감성과 함께 비정상적으로 발달한 감정 노동의 결과이다. 이러한 감정 노동은 신분의 차이가 심한 관계에서 생기기도 하고 신분에 따른 권한이나 의무가 온전하게 작동하지 못할 때도 발생한다. 하지만 한국식 화병은 대개 가정 내의 불화, 그중에서도 부모자식이나 고부 관계, 장모-사위 관계 등 가족 간의 관계 속에서 발생한다. 가부장제적 질서 안에서 남녀 차별이나 적서 차별 등에 의해 누적된 화병은 사회생활로 이어지면서 더 큰 차별과 원망으로 확산되어 사회 전반으로 퍼져 있다.

1994년 미국 *DSM-IV*(『정신 질환 진단 및 통계 편람 4』)에 등재됨으로써 한국의 전형적인 문화결합증후군의 하나로서 심리적인 질병의 일종으로 공인되었던 '화병(火病)'은 2013년 *DSM-V* 이래 공식적으로는 다양한 분노 기반 질병들과 함께 질병의 목록에서 배제되었다. 목록에서만의 소멸이 아닌 실제 세계에서 화병(火病)이 실질적으로 소멸하는 사회가 되기를 기대해 본다.

2

심화(心火)
— 짝사랑이라는 이름의 화병(火病)

화병(火病), 선덕여왕을 사랑한 지귀 이야기

　신라 시대 선덕여왕에 대해서는 여러 일화들이 많이 남아 있지만 그 가운데에서도 특히 사람들의 마음을 끄는 이야기로 '지귀설화(地鬼說話)'를 들 수 있다.

　이와 관련하여 『삼국유사』〈이혜동진(二惠同塵)˚〉조(條), 혜공선사의 여러 일화 중에 다음과 같은 이야기가 나온다.

　　(혜공이) 하루는 풀을 가지고 새끼를 꼬아서 영묘사(靈妙寺)에　　들어가 금당(金堂)과 좌우 경루(經樓) 및 남문(南門)의 회랑(廊廡)　　을 둘러 묶고 강사(剛司)˚˚에게 알렸다. "이 줄은 모름지기 3일 후

＊ "두 명의 혜(혜숙 스님과 혜공 스님)가 함께 돌아가시다"의 뜻이다.
＊＊ 신라 시대 승직(僧職)의 하나. 신라 때, 사찰에서 법회(法會)의 식사(式事)를
　 맡은 승려의 직명이다.

『삼국유사』〈이혜동진〉조, '지귀심화' 부분
(출처: 『한국고전총서 1』, 중종19, 갑신, 1524년)

에 풀어라." 강사(剛司)가 이상하게 생각하면서 따르니 과연 3일째에 선덕왕(善德王)의 행차가 절로 들어왔는데 지귀(志鬼)의 심장에서 불[心火]이 나서 그 탑을 태웠으나 오직 줄을 묶은 곳만은 면하게 되었다.

『삼국유사』〈이혜동진(二惠同塵)〉조(條)에서 혜공선사의 이적(異蹟)을 설명하는 와중에 짤막하게 포함된 '지귀의 이야기'(심장에 불이 나서 탑을 태우고 절(영묘사)을 태워 없앨 뻔했던 이야기)는 한국 최초의 설화집으로 알려진 박인량의 『수이전(殊異傳)』(고려 숙종 1년, 1096년)에 좀 더 자세한 이야기가 실려 있다. 이 책은 지금 전하지 않는데, 다행히 조선 선조 때 권문해가 우리나라의 옥(玉) 같은 옛이야기들을 한자의 운(韻)에 따라 모아 사전 형식으로 엮은, 『대동운부군옥(大東韻府群玉)』(조선 선조 22년, 1589년)에 이 이야기를 전재해서 지금에 이르기까지 우리에게 그 이야기 전해준다. 이야기의 줄거리는 다음과 같다.

지귀는 신라 활리역 사람이다.(志鬼新羅活里驛人)
선덕여왕의 아름다움을 사모하여 시름에 차서 울며 흐느껴서 몰골이 초췌해졌다.(慕善德王之美麗 憂愁涕泣形容憔悴)

왕이 절(영묘사)에 분향하러 갔을 때 그 이야기를 듣고 그를 불렀다(王幸寺行香聞而召之).

지귀가 이튿날 (영묘사) 탑 아래 가서 왕의 행차를 기다리다가, 홀연 깊은 잠에 빠졌다.(志鬼歸寺塔下待駕行 忽然睡酣)

왕이 (절에 이르러 분향하고 나오는 길에 지귀가 잠든 것을 보고는) 팔찌를 벗어 (지귀의) 가슴에 두고 환궁했다.(王脫臂環置胸還宮)

나중에 잠에서 깬 지귀는 오래도록 번민하고 절망하다가, 심화(心火)가 나서(즉 심장/마음에서 불이 나서) 그 탑을 태우니 즉 변해서 불귀신[火鬼]이 된 것이다.(後乃睡覺 志鬼悶絶良久 心火出繞其塔 卽變爲火鬼)

왕이 술사에게 명하여 주사(呪詞)를 짓게 하니 다음과 같다.(王命術士作呪詞曰)

志鬼心中火 지귀의 마음속 불길이
燒身變火神 자신의 몸을 불사르고 불귀신으로 바뀌었네.
流移滄海外 창해 밖으로 흘러 떠나가서
不見不相親 만나지도 말고 서로 친하지도 말라.

당시 풍속에 이 글귀를 문벽(門壁)에 붙여 화재를 막았다.

時俗帖此詞於門壁 以鎭火災 (출처: 권문해, 『대동운부군옥(大東
韻府群玉)』〈太平通載〉편)

선덕여왕을 사모한 지귀의 이야기는 원하는 것을 얻지 못하
는 마음이 화병(火病)이 되어 마음의 원천이 되는 심장을 태우고
심장의 본체가 되는 몸을 태우고 그 몸이 존재하는 주변을 태우
는 재앙으로까지 확산되어 가는 이야기를 담고 있는데, 개인의
억울한 마음이 사회 전체의 억울한 마음으로 확산되어 가는 것
을 경계하는 이야기로 오늘날 다시금 생각해 볼 필요가 있다.

기원전 인도에서 유래한 설화, 구모두와 술파가

기실 이 이야기는 본래 신라 사람들의 것이 아니었다. 이 글
의 최초 출처는 기원전 3C경에 활약한 인도의 대승 불교 학자
나가르주나(Nāgārjuna, 중국명 용수(龍樹) 선사)가 쓴 『대지도론(大
智度論)』(B.C.150-250년경)이다. 이 책의 권14 초품(初品) 24에 실
려 있던 이야기를 중국 후진(後秦) 시대에 중국에 와 있던 인도

경주시 황남동 영묘사 터
본래 신라 최초의 사찰 흥륜사가 있었던 곳으로 1963년 사적 제15호로 지정한 곳이다. 그러나 발굴 과정에 영묘사라는 명문의 기와가 발견되면서 영묘사가 있었던 곳으로 확인됐다. 사진은 근래에 세워진 흥륜사 대웅전이다.
(출처: 국가문화유산포털, http://www.heritage.go.kr/heri/cul/imgHeritage.do?ccimId=3174913&ccbaKdcd=13&ccbaAsno=00150000&ccbaCtcd=37) OPEN

승 구마라즙(鳩摩羅什, umārajīva, 344~413)이 〈구모두(拘牟頭)와 술파가(術派伽/述婆迦)의 이야기〉라는 제목으로 번역하여 두었던 것이 현재 『고려대장경』 제14권에 남겨져 있다. 당나라 승려인 석(釋) 도세(道世, ?~683)가 AD 620년에 지은 『법원주림(法苑珠林)』 권21 〈士女篇12 姦僞部2〉에도 이 설화가 원문 그대로 인용되어 있는데, 대략의 내용을 소개하면 다음과 같다

　　부처님께서 다음과 같이 말씀하셨다. 어느 나라의 왕에게 구모두(拘牟頭)라는 이름의 딸이 있었다. 술파가(術派伽/述婆迦)라는 이름의 어부가 살았는데 그가 길을 따라 지나가다가 멀리서 높은 누각 위에 있는 공주를 보았다. 창 너머로 공주를 보고서는 공주에 대한 생각이 머리에 달라붙어 마음에서 잠시도 떠나지 않았다. 세월이 지나면서 그는 음식도 먹을 수 없는 지경이었다. 어미가 그 까닭을 물으니 어미에게 사실대로 말했다.
　　"제가 공주님을 보고 난 뒤에 마음에서 잊을 수 없습니다."
　　어미가 아들을 타일렀다.
　　"너는 천것이고 공주는 존귀하시니 이룰 수 없다."
　　아들이 말했다.
　　"제 마음이 즐거움을 위하여 잠시도 잊을 수 없으니 만약 뜻대

로 하지 않으면 살 수가 없습니다."

어미는 아들 때문에 궁중으로 들어가서 매일처럼 살진 물고기와 조류, 육고기 등을 공주에게 보내어 주되 값을 받지 않으니 공주가 괴이히 여겨 물었다.

"무슨 소원을 구하느냐?"

어미가 좌우를 물리고 사정을 아뢰었다.

"제게 아들이 하나 있는데 공주님을 공경하고 사모하여 연정(戀情)이 맺혀 병이 되었으니 목숨이 멀다고 말할 수 없습니다. 원컨대 딱하게 여기는 마음을 드리워 그에게 생명을 주소서."

공주가 말했다.

"너는 돌아가라. 이 달 보름에 이르러 모처의 천갑사에서 사천왕상 뒤에서 기다려라."

어미가 돌아와 아들에게 말했다.

"네 소원이 이루어졌단다."

이렇게 알려주었다.

"목욕하고 새 옷으로 갈아입고 사천왕상 뒤에 가 있으렴."

공주는 그때에 이르러 부왕에게 아뢰었다.

"저한테 안 좋은 일이 있어서 모쪼록 천사(天祠)에 이르러 길한 복을 구할까 합니다."

왕이 말했다.

"좋은 일이다."

곧 수레 오백 대를 엄숙히 하여 길을 나서서 천사(天祠)에 이르렀다. 도착한 뒤 여러 시종(侍從)에게 명하여 일주문에 가지런히 있으라 하고 공주는 홀로 천사로 들어갔다.

천신(天神)이 생각하기를, 이것은 어울리지 않는 일이다. 왕이 시주인데 이런 천것[小人]으로 하여금 공주를 헐어 욕되게 할 수 없다고 생각한 천신(天神)은 곧 이 천것[小人]을 눌러 잠들어 깨닫지 못하게 했다. 공주가 들어가서 그가 깊은 잠에 빠진 것을 보고 흔들었지만 깨어나지 않았다. 그래서 값이 십만 량 금이나 하는 목걸이를 두고서 떠났다.

후에 그는 잠에서 깨어나 목걸이가 있는 것을 보고 또 여러 사람들에게 묻고는 공주가 왔다 갔음을 알았다. 사랑의 소원을 이루지 못한 것을 시름하고 고뇌하다가 사모하는 마음의 불꽃이 안에서 일어나 스스로 불타 죽었다. 이로써 여인을 품는 마음이란 귀천을 가리지 않고 욕정(欲情)에 따른다는 것을 증거 삼아 알겠다.

이 이야기 속의 아름다운 여주인공, 구모두(拘牟頭)는 산스크리트어 'kumuda'의 음사(音寫)이다. 산스크리트어 'kumuda'

는 본래 흰색, 붉은색의 꽃이 피는 수련(睡蓮)을 가리키는 말인데, 불교의 『아함경』에서 말하는 16개의 작은 지옥 가운데 하나를 가리키는 말로 사용되기도 하였다. 『아함경』 속 16개의 작은 지옥의 이름은 '우발(優鉢) 지옥, 발두(鉢頭) 지옥, 구모두(拘牟頭) 지옥, 분다리(分陀利) 지옥, 미증유(未曾有) 지옥, 영무(永無) 지옥, 우혹(愚惑) 지옥, 축취(縮聚) 지옥, 도산(刀山) 지옥, 탕화(湯火) 지옥, 화산(火山) 지옥, 회하(灰河) 지옥, 형극(荊棘) 지옥, 비시(沸屎) 지옥, 검수(劍樹) 지옥, 열철환(熱鐵丸) 지옥'인데, 이 가운데 앞쪽의 세 지옥의 이름 즉 '우발(優鉢) 지옥, 구모두(拘牟頭) 지옥, 분다리(分陀利) 지옥' 등은 다 꽃의 이름에서 기원한 것들이다.

이 세 지옥의 이름이 꽃에서 기원한 것과 관련해서는 『아함경』〈제2법 제10권 19 권청품(勸請品)〉조(條)에서 다음과 같이 좀 더 상세한 설명을 찾아볼 수 있다.

중생들의 근기(根器)는 제도하기가 쉽습니다. 그러나 만일 법을 듣지 못한다면 영원히 법안(法眼)을 잃게 되어 이들은 분명 법에서 버려진 아들이 되고 말 것입니다. 비유하면 우발(優鉢, 우담바라화)이나 구모두(拘牟頭, 수련)나 분다리(分陀利, 흰연꽃)가 비록 땅에서 나오긴 했지만, 물 위로 나오지 못해 피지 못하는 것과 같습니다. 지금은 저 꽃이 점점 자라려고 아직 물에서 나오지 않고 있지만, 혹 때가 되면 그 꽃은 물 위로 솟아오르고, 혹 때가 되면 그 꽃은 물에 젖지 않을 것입니다. 이 세상의 중생들도 그와 같아서, 태어남·늙음·병듦·죽음에 시달리고 있지만 근기는 이미 성숙했습니다. 그러나 만일 법을 듣지 못하고 그만 죽고 만다면, 그 또한 애달프지 않겠습니까? 그러니 지금이 바로 그때입니다. 부디 원컨대 세존께서는 저들을 위하여 설법해 주소서.

이 글을 통해 '구모두(拘牟頭) 지옥'이란 아름다운 수련(睡蓮), 즉 구모두가 아직 물속에 잠겨 피지 못한 상태에서 갖는 답답한 상황을 지옥에 비유하여 이르는 말임을 짐작해 볼 수 있다.

술파가(術派伽/述婆迦)는 산스크리트어 숩하카라(śubhakara/शुभकर)의 음차로 '발복(發福), 길상(吉祥), 행운(幸運)' 등의 의미를 갖는 이름이다. 어떻게든 행운을 얻어 잘 살아보려는 일반 민중의 마음을 잘 대변하는 이름을 가진 어부는 그야말로 '아름다운 죄'를 지닌, 구모두 공주를 보고 한눈에 반해 사랑에 빠진다.

하지만 이런 사랑은 언제나 이루어질 수 없는 짝사랑이기 마련이다. 메아리 없는 혼자만의 사랑은 언제나 마음속에만 존재하며 바깥에 꺼내 볼 수 없는 것이어서 그 안에서 혼자 애태우다가 불덩이[火]로 바뀌어 마음이 담긴 심장을 태우고 온몸을 태우고 『삼국유사』의 '지귀(地鬼)' 이야기에 이르러서는 선덕여왕이 발원하기 위해 행차한 영묘사의 탑을 태우고 서라벌의 사람들을 온통 공포에 몰아넣는 화마(火魔)가 되었던 것이다.

화병에 대한 한국인의 시선, 연민

지귀가 살았던 활리역(活里驛)은 경상북도 경주시 구황동(九黃洞)에 있었던 역(驛)이다. 고려시대를 거쳐 조선 초기에 이 지명을 '사리역(沙里驛)'이라고 고쳐 부른 것을 보면 신라 때 한자를 빌려 표기된 '활리(活里)'라는 지명의 당시 독음은 아마도 '살리'였을 것이다. 활리, 즉 지금의 구황동은 황룡사(黃龍寺)와 분황사(芬皇寺)가 있던 곳이다. 황룡사는 나라와 백성의 안녕을 기원하기 위해 진흥왕 대에 세워진 절이었는데 선덕여왕 대에 황룡사 9층탑을 지어 주변 오랑캐의 위협으로부터 국가를 지키려는 염원을 담았고 분황사는 '향기로운 임금[芬皇]', 즉 선덕여왕(재위 632~647)의 안녕을 빌기 위해 건립된 절이었다.

활리에 살았던 지귀(地鬼)는 어떤 사람이었을까. 분황사가 선

선덕여왕을 흠모하던 지귀는 여왕을 만날 수 있는 기회를 얻었으나, 마지막 순간에 깜박 잠이 들어 그 기회를 놓쳐 버린다. 그것이 심화(心火)가 되어 자신의 몸을 태우고 주변의 탑과 사찰을 태워 서라벌의 재앙이 되었다.

덕여왕 3년(634년)에 완공되었고 황룡사 구층탑이 선덕여왕 12
년(643년)에 완성되었으니 활리역(活里驛) 역인(驛人) 출신 지귀
는 본래 분황사와 황룡사 구층목탑 건설에 동원된 부역(負役) 일
꾼이었을지도 모를 일이다. 한편 '지귀(地鬼)'라는 이름으로 볼
때 그는 단순한 부역 일꾼이 아니라 선덕여왕의 안녕을 비는 일
을 맡은 활리역 출신의 박수무당이었을지도 모를 일이다.

  선덕여왕을 기리는 절이 세워진 마을의 충성스러운 일꾼이었
든, 평생을 선덕여왕의 안위를 빌며 기도했던 박수무당이었든,
지귀는 그 누구보다 선덕여왕을 흠모하는 사람이었다. 지귀는
어느덧 선덕여왕에 대한 흠모의 마음이 깊어 전전긍긍하다가
결국은 병이 들어 더 이상 살 수 없는 상태가 되었다. 이 이야기
를 전해 들은 여왕은 지귀에게 자신을 만날 수 있는 일생일대
의 기회를 주기 위해 영묘사로 향했으리라. 하지만 지귀는 마지
막 순간에, 깜박 잠이 들어 그 기회를 놓쳐 버린다. 그리고는 자
신의 어리석음에 심화(心火)가 나서 자신의 몸을 태우고 주변의
탑과 사찰을 태워 서라벌의 재앙이 되어 버렸다. 이러한 지귀를
오늘날 우리는 어떻게 이해하여야 할까.

  '사랑의 화신(化身)'이 '저주의 화신(火神)'이 되어 버려 주변의
일상을 잿더미로 만드는 일은 오늘날 오랜 짝사랑 끝에 자신을

받아들이지 않는 (마음속) 연인에 대한 화병(火病)으로 자신을 해치고 자신이 오롯이 아꼈던 그 사람과 가족을 해치고 사회의 불특정 다수에게로 분노의 화살을 옮기는 어리석은 스토커들에 대한 경고는 아니었을까.

'술파가(術派伽/述婆迦)' 이야기에서 '술파가'라는 이름의 본래 의미가 '발복(發福), 길상(吉祥), 행운(幸運)'이었음을 생각해 본다면 이 이야기가 7세기 초의 신라어로 번안될 무렵 그 비극적 결말에도 불구하고 짝사랑이 갖는 긍정적 의미와 함께 자리 잡았을 가능성도 생각해 볼 수 있을 것이다. 하지만 선덕여왕을 향한 지귀(地鬼)의 맹목적 사랑은 불꽃을 이루어 자신만을 태우는 데 그치지 않고 가족과 이웃에까지 번져 지역과 나라의 걱정거리가 되었다. 이 이야기를 통해 우리는 오래 전부터 몸속에 깊이 드는 골병과 함께 마음속에 깊이 병드는 마음, 즉 화병(火病)을 미움보다는 안타까움의 시선으로 바라보았음을 알 수가 있다.

바라건대는, 억울(抑鬱)과 우울(憂鬱)에 눌려 일어난 저 숱한 화병(火病)의 기운들이 저 멀리 우주, 안드로메다를 넘어 사라져서 다시는 우리네와 만나지도 말고 절대로 서로 친해지지 않게 되기를….

3

기록으로 남은 화병

— 화병에 걸린 왕들

—

화병이란

『의학사상사』를 쓴 여인석은 "질병은 역사와 문화 경험을 공유하는 집단에 있는 사람들이 공통으로 체험하는 것이라는 사회문화적 구성물로 볼 수 있으며, 한국의 '화병(火病)'이 이에 해당한다."고 하였다. 화병은 '울화병'이라고도 하는데, 억울한 감정을 제대로 발산하지 못하고 억지로 참는 데서 생기는 질병이다. 본래 한국의 민간에서 쓰이는 일상 용어였으나, 현재는 신경정신과 영역에서 광범위하게 사용되는 표현이다. 한의학에서는 울화병(鬱火病)이라 하고, 영문으로는 'Hwa-byung', 'Fire Syndrome', 'Anger Syndrom' 등으로 다양하게 표현한다. 화병이 국제적으로 알려지게 된 것은 미국정신의학회 질병분류에서 1994년에 개정된 *DSM-IV*(『정신 질환 진단 및 통계 편람 4』)에 문화결합 증후군(culture-bound syndrome)으로 기재되면서부터였다. 화병을 한마디로 정의하면, "억울한 감정이 쌓인 후 불과 같은 양태로 폭발하는 질환"이며, 전통의학서인 『동의보감(東醫寶鑑)』에는 화병이라는 표현은 나오지 않지만, '심상증(心傷症)'이라 하여 근심과 걱정을 하거나 지나치게 생각을 하면 '심(心)'이 상한다고 정의하였다.

화병은 인간이 겪는 질병 가운데 정신적인 문제, 즉 '마음병'에 해당한다. 마음병 중에서도 한국 문화에서 화병만큼 역사적으로 오랫동안 회자된 질병도 드물 것이다. '화병'이라는 단어는 일상적으로 쓰면서도 그 실체를 정확히 알지 못했던 것이 사실이다. 이때 화병이 역사 속에서 또는 문학 속에서 어떠한 삶을 살았던 사람들에게 나타나는지 살펴보는 것은 화병이라는 질병을 인간의 구체적인 삶 속에서 이해하는 좋은 방법이 된다. 특히 화병이 왕의 주요 질병이었던 것이 흥미를 끈다. 근대 이전의 기록이 제한적이어서 왕과 왕실 및 식자층에 대한 기록이 상대적으로 많이 남아 있기도 하고, 왕이라는 지위에 따른 심리적 부담감 때문에 실제로 화병이 많았던 것도 이유일 것이다.

왕은 권력을 향유하는 존재라기보다는 의무가 우선되는 삶을 살았던 존재였다고 이해하는 것이 옳다. 성군이 될 수 있도록 모범적으로 살아야 한다고 끊임없이 채근 받는 것이 왕의 운명이었다. 천재지변이나 전염병도 왕의 책임이었고, 백성이 평안히 살게 하는 것도 왕의 역할이었다. 그러므로 정신적 스트레스가 심하였을 것은 충분히 예상할 수 있다. 조선 시대 스물일곱 명의 왕들은 각기 다양한 질병에 걸렸다. 풍병(風病), 소만병(消漫病), 종기, 이질(痢疾), 안질 등이 가장 많이 걸린 병이다. 기록상으로 가장 많은 질병에 걸렸던 왕은 세종대왕으로 오랫동안 안질의 고통을 호소하였고, 그 외에도 당뇨, 종기, 풍병, 소만병의 증세를 보였다고 알려져 있다. 왕들이 겪었던 수많은 질병들, 그 중에서도 화병에 걸렸던 조선의 왕은 누구였을까.

'최초의 화병'의 주인공 선조

현재까지 드러난 바로 화병에 대한 최초의 기록은 『조선왕조실록』에서 확인할 수 있다. 『조선왕조실록』에서 1603년 화병을 거론하는 첫 번째 왕은 선조이다. 선조는 자신의 심정과 증상을 스스로 '화병'이라고 표현한다.

나는 화병을 앓는 것이라서 계사를 보고부터는 심기가 더욱

선조
(출처: 위키피디아, https://en.wikipedia.org/wiki/File:朝鮮宣祖.jpg)

상하여 후문(喉門)이 더욱 폐색되고 담기(痰氣)가 더욱 성한데, 이것은 좌우의 환시가 다 알고 있는 바이다. 다시는 아뢰지 말기 바란다. 그렇게 하면 심기를 애써 억제하여 조양할 수 있겠다.

『조선왕조실록』에서 선조가 자신의 증세를 토로하는 대목이다. 후문(喉門)은 목구멍이며, 담기(痰氣)는 가래가 많이 나오는 증상을 일컫는다. 선조는 화병의 증상으로 기관지 계통의 병증을 호소하였다. 선조 34년 9월 30일 기록을 보면 "내 병이 다시 도져 고질이 되었는데 그중에서도 심화(心火)가 가장 치성(熾盛, 불길같이 성하게 일어남)하여"라고 하여, 시간이 갈수록 초조한 감정 상태로 인해 가슴에 화가 쌓이고 있음을 고백한 것이다. 이때 왼쪽 다리에 열이 나고 아파 신발을 신기조차 힘들었다는 내용도 덧붙이고 있다.

선조의 화병을 이해하기 위해서는 그가 어떤 상황에 처해 있었는지 살펴볼 필요가 있다. 선조의 선대왕은 명종인데, 후사 없이 사망하면서 직계가 아닌 선조가 왕위에 오른다. 선조는 중종(中宗)의 서자인 덕흥군(德興君)의 셋째 아들이었기 때문에 왕위 계승을 하리라고는 상상을 하지 못했을 것이다. 예상치 못하게 왕위에 올랐으나, 방계(傍系)로 왕위에 올랐다는 사실은 재임 기간 내내 선조에게 큰 부담을 안겼고, 열등감을 갖게 되는 원인이 되었다.

또한 왕위를 계승하게 되었으나 지지해 줄 외척이나 자기 세력 없이 국정을 이끌면서 느꼈던 위기의식과 신하들과의 갈등이 그를 억눌렀다. 사실 선조는 즉위 초반에 성리학에 정진하여 한때 진정한 왕위 계승자로서 자리매김하기 위해 노력하기도 했다. 그러나 시운은 그의 편이 아니었다. 재위 기간인 1592년 임진왜란과 1597년 정유재란을 겪은 데다가, 그 과정에서 왕으로서의 권위를 잃게 되면서 결국 역사적으로 무능한 왕으로 각인되기에 이른다.

우리는 그 결과만을 기억하지만, 한 인간이 급작스럽게 왕이라는 중엄한 자리에 올라 감정적인 억눌림과 갈등을 겪다가, 두 번의 전쟁이라는 전대미문의 재난을 겪었던 과정들을 놓고 본다면, 그 개인의 공포와 부담, 패배의식이 어떠하였을지 가히 상상하기 어렵다. 선조 내면의 고통도 심하였으나 전쟁 상황 또한 쉽사리 해소되지 않았다. 한양을 버리고 도망간 왕에 대한 백성들의 충성도 기대하기 어려웠다는 점에서 그러한 극심한 자책과 자괴감, 죽음에 대한 두려움, 판단에 대한 중압감 같은 것들이 그를 짓눌렀을 것이다. 선조의 내적 갈등은 '화의 누적'

으로 이어졌고, 여러 질병 증상을 보이며 스스로 화병에 걸렸다고 고백함으로써 '화병에 걸린 왕'으로 기록되기에 이른다.

여러 왕들에게 이어졌던 화병의 기질

선조뿐만 아니라 그 이후의 많은 왕들이 화병을 겪었다. 『조선왕조실록』에 자주 보이는 화병과 관련이 있는 단어는 화병(火病), 화증(火症, 火證), 울증(鬱症) 등이다. 화병 외에도 '화증'이라는 표현은 영조 38년(1761년)까지 꾸준히 사용되었다. 화병은 '심(心)의 병', '화(火)의 병'이라 인식되었으며 약물 치료를 병행하되, 기본적으로는 마음을 다스려야 나을 수 있는 병으로 여겨졌다. 숙종도 화병을 앓았던 것으로 보인다. 다음은 숙종 14년 7월 16일 기사이다.

이때에 임금의 노여움이 폭발하여 점차로 번뇌가 심해져, 입에는 꾸짖는 말이 끊이지 않고, 밤이면 또 잠들지 못했다. 마음이 답답하고 숨쉬기가 곤란하고 밤새도록 번뇌가 심하다.

선조뿐만 아니라 그 이후의 많은 왕들이 화병을 겪었다. 화병은 '심(心)의 병', '화(火)의 병'이라 인식되었으며 약물 치료를 병행하되, 기본적으로는 마음을 다스려야 나을 수 있는 병으로 여겨졌다. 왕의 지위라는 극단의 상황이 한국인의 특수한 마음병이라는 화병이 생겨난 주요한 원인이었던 것으로 보인다.

또한 경종도 아버지 숙종과 비슷한 증상을 보였다. 경종 1년 10월 13일에 관련 기사가 보인다.

> 병근이 내장을 손상시키고 심화(心火)가 불어나 화열이 오르내리면서 정신이 아득하고 어두워 깨닫고 살피지 못하여 치료하기 힘든 지경이니 조섭을 위해서 세제로 하여금 대리청정을 시키겠다.

이어 경종 2년 3월 17일 기사에도 왕이 공무를 보다가 '화열'이 올라 심기가 폭발했다는 기록이 나온다. 경종의 화병에 대한 기록은 이후에도 계속된다.

화병과 관련해서 비슷한 맥락의 '화증(火症)'이라는 말은 조선 정조의 모친이며 사도세자의 부인이던 혜경궁 홍씨(1735~1815)가 쓴 『한중록』에서 사도세자의 병세를 언급할 때 자주 등장하는 말이다. 사도세자의 '화증'이나 '울화'는 처음에는 감정상의 문제였지만 나중에 가서는 사람을 죽이는 행동으로 이어지기도 한다.

사도세자가 화병에 걸리는 데에 가장 큰 원인을 제공한 사람은 부인할 수 없이 아버지 영조였다. 영조 역시 성격이 괴팍한

면이 있고, 콤플렉스를 가진 인물이었다는 것 또한 널리 알려져 있다. 자신의 미천한 어미와 이로 인한 반쪽짜리 왕족이라는 열등감은 오랫동안 그를 괴롭혔다. 또한 형이자 선대왕이었던 경종의 의문스런 죽음과 뒤를 이은 영조의 즉위를 둘러싼 의혹들과 그에 따른 정쟁은 오랫동안 영조를 괴롭혔다. 그러나 한편으로 이러한 악조건을 극복하고 왕이 된 영조는 스스로에 대한 자부심이 강한 인간이었다. 그런 가운데 왕위를 이을 아들을 낳았으니 귀하게 키울 만도 한데, 기대가 커서인지 유난히 질책이 많았다.

영조가 사도세자를 대하는 태도는 무엇보다 지나친 꾸지람이 문제였다. 그 문제에 주목했던 범효춘(2010)의 말을 빌리면, 영조가 사도세자에게 행했던 일상화되고, 공개리에 행해지며, 분노를 동반한 꾸지람은 사도세자가 억울함과 분노, 낮은 자아 존중감을 갖게 하는 원인이 되었다. 부모의 질 나쁜 꾸지람은 자식의 정상적인 성장을 방해하고 마음을 병들게 한다. 납득할 수 없는 꾸지람이 계속되고 자신이 할 수 있는 것이 없다는 절망감은 분노를 낳는다. 사도세자의 화를 불러일으켰던 부싯돌은 어린 시절부터 반복된 꾸지람이고, 사도세자의 가슴엔 오랜 기간에 걸쳐 화가 쌓였다.

더 큰 문제는 사도세자의 화를 불러일으키는 사람은 영조만이 아니었다는 점이다. 사도세자를 낳은 영빈 이씨는 영조가 가장 총애했던 후궁으로 알려져 있다. 이씨는 영조 2년에 후궁이 되었는데 1727년 첫 번째 딸인 화평옹주를 낳고 영빈의 자리에 올랐다. 화평옹주 이후 내리 세 딸을 출산하였으나 모두 잃고 영조 11년에 사도세자를 낳았으므로, 매우 어렵게 얻은 왕통이었다. 사도세자는 아들이 귀한 왕실에 태어난 왕자였기 때문인지, 태어난 지 100일 만에 중전에게 보내진다. 그 결과로 사도세자는 친어머니인 영빈 이씨와는 밀착된 애정을 느낄 기회가 많지 않았다. 게다가 사도세자가 어린 시절에 살게 된 저승전은 경종의 비인 선의왕후가 살았던 곳이고, 그 근처에는 경종의 생모 희빈 장씨가 인현왕후를 저주하던 취선당이 있었다. 취선당은 소주방(음식을 만드는 곳)으로 바뀌어 이곳에서 사도세자의 음식을 만들었다. 명확한 이유를 알 수 없으나 한창 부모의 손길이 필요한 어린아이를 이처럼 불길한 곳에서 키웠던 까닭은 영조 입장에서는 선왕의 시녀들이 키우게 함으로써 권위를 공고히 하고 경종 독살설을 잠재우려고 했던 것으로 추정된다. 이에 대해 『한중록』에서도 한참 부모의 손길이 필요한 아기를 품에서 떨어트려 '불길한 곳에서 키우게 해 사단이 난 것'이라 언급하기도 하였다.

아버지와의 관계가 원만치 못했던 점, 게다가 친어머니와의 관계도 매끄럽지 못해 자신의 가슴속에 화가 일어나도 적절한 위로를 받을 만한 사람이 없었다는 점은 사도세자의 화병이 어느 정도에서 잠잠해지지 못하고 더욱 큰 불길로 타오르는 원인이 되었을 것이다. 사도세자의 마음을 알아주는 단 한 사람이 있었다면 사도세자의 화병과 광기가 잦아들고 다른 결과를 낳을 수 있지 않았을까.

정조의 화병과 등창

정조는 즉위한 이후 자신의 화증을 여러 차례 토로했을 정도로 화병을 몸에 달고 산 인물이었다. 그의 화병이 무엇으로부터 기인하였는가에 대해서는 여러 가지 이야기가 있는데 대략 두 가지 정도로 요약된다. 어린 시절 아버지의 죽음을 목격한 충격과 슬픔, 억울함이 일생 화증을 달고 산 직접적인 원인이 되었을 것이라는 견해가 첫 번째이다. 두 번째는 아버지 사도세자의 죽음은 극복하였으나, 오히려 즉위 이후의 정치적인 상황과 압

박이 화증이 생기게 된 결정적인 원인이 되었을 것이라는 견해이다.

정조가 아버지의 죽음을 겪은 것은 11세 때였다. 이후 정조의 삶이 어떠했을지는 상상하기조차 어렵다. 영조는 자식을 죽음의 길로 앞세워 보낸 후 남은 손자를 가르친다. 그래서 정조의 어린 시절은 옷을 벗지도 못하고 잠드는 날의 연속이었고, 그런 날들이 몇 달씩 계속되기도 하였다고 전한다. 어느 때 영조가 부를지 알 수 없었기 때문에 항시 긴장하고 살았다는 의미일 것이다.

1777년 83세로 영조가 사망하고, 25세에 정조가 즉위한다. 혹독한 제왕 수업을 견디고 마침내 왕이 된 정조가 즉위하던 날 신하들 앞에서 "나는 사도세자의 아들이다."라고 선언한 것은 유명한 일화다. 아직 왕으로서의 입지가 견고하지 못했던 상황에서 이런 선언을 했다는 것은 그만큼 정조 가슴속의 응어리가 컸다는 반증이다. 그러므로 이러한 선언은 그 자체만으로도 스스로에게 치유 효과가 있지 않았을까 싶다. 오래도록 억눌러 온 원망을 극복하는 자기치유의 방식이었을 것이다.

하지만 당시 정계는 사도세자가 죽는 데 일조한 노론 벽파의 세상이었다. 또 노론 벽파의 핵심 인물은 정조의 외가인 홍씨 집안이었다. 영조의 계비인 정순왕후와 홍봉한은 사도세자의 아들인 정조의 즉위를 반대하였다. 이런 당시 정치 상황을 고려하면 '사도세자의 아들'이라는 선언은 결코 허용될 수 없는 것이었으며, 이후 그의 정치 행보에 크나 큰 부담으로 작용할 수 있었다. 실제로 정조 1년에는 왕의 침실 지붕을 통해 자객이 침투하여 암살하려 하였다는 풍문이 돌았다. 사실 여부와 상관 없이 정조의 왕권을 위협하려는 세력의 존재감을 보여주기에 충분한 것이었다.

그러나 정조는 약한 사람이 아니었다. 심리학자 김태형(2009)은 정조의 정서적 특징으로 안정된 정서와 감정 통제 능력을 가졌다는 점을 강조하여 설명한다. 정조는 기본적으로 다른 사람과 세상을 신뢰하는 사람이었고 이를 기반으로 정치를 행하였다. 그에게도 적은 양의 분노 감정은 있었겠지만 문제될 정도는 아니었다고 평가하는 것이다.

그러한 정조도 젊은 시절부터 여러 질병을 겪었는데, 정조의 직접적인 사망 원인은 죽기 며칠 전 발병한 종기 때문이었던 것으로 알려져 있다. 이와 관련하여 의미 있는 기록으로,『조선왕조실록』정조 24년 경신(1800) 6월 16일(정묘) 〈약원의 제신과 대신 및 각신을 접견하고 심회를 말하다〉라는 기사에서는 정

조가 화병으로 인해 등 쪽에 종기가 난 것을 의관이 진찰하도록
하는 대목이 있다.

　　의관 정윤교에게 등쪽의 종기를 진찰하도록 명한 뒤에 상이
이르기를, "일반적인 증세로는 고름은 적고 피가 많이 나오니 피
속에 열이 많아 그런 것 같다. 앞으로 무슨 약을 쓰는 것이 좋겠
는가?"
　　라고 묻자 도제조 이시수가 아뢰기를, "여러 의관이 모두 어제
저녁의 열 증세는 약 힘의 발산 때문인 것 같다고 하니, 백호탕을
다시 쓰는 것이 좋겠습니다." 하자 상이 이르기를, "그렇다면 한
첩을 더 달여 들여오도록 하라. 대체로 이 증세는 가슴의 해묵은
화병 때문에 생긴 것인데 요즘에는 더 심한데도 그것을 풀어 버
리지 못해서 그런 것이다. 크거나 작은 일을 막론하고 하나같이
침묵을 지키며 신하들을 접견하는 것까지도 다 차츰 피곤해지는
데 조정에서는 두려울 외(畏) 자 한 자가 있는 줄을 알지 못하니,
나의 가슴속 화기가 어찌 더하지 않을 수 있겠는가. 우선 경들
자신부터 임금의 뜻에 부응하는 방도를 생각하도록 하라."

위의 대화에서, 정조는 직접 '등의 종기는 화병 때문에 생긴

것'이라 말한다. 병세가 심해진 원인은 조정의 일에 신경 쓰다가 가슴의 화기가 더해지면서 피 속에 열이 많아져서라고 진단하고 이에 따라 약을 처방한다. 위에서 정조의 목숨을 위협한 종기의 문제가 논의된 6월 14일부터 사망하는 28일까지는 14일간에 불과하다. 이 때문에 그동안 정조의 직접적인 사인은 종기 때문이라고 했다. 그런데 이 종기는 단순한 피부병이 아니라, 정조의 지병인 해묵은 화병 때문에 생겨난 것으로 서술된다. 조선 시대 의학서인 『동의보감』에서는 종기를 '옹저'라 하는데, 이것이 생기는 원인을 '화'로 본다. "억울한 일을 당하여 마음이 상하거나 소갈병이 오래되면 반드시 옹저나 종창이 생기기 때문에 조심해야 한다."는 점에서 정조가 죽기 14일 전 자신의 종기에 대해 이야기하면서 스스로 화가 있다고 설명했던 점에 주목하지 않을 수 없게 된다.

정조의 화병은 수원 화성 축조 이후부터 그 증세가 드러나기 시작한 것으로 보인다. 당시는 자신의 개혁을 완성하기 직전의 상황이었고 그것을 상징하는 것이 바로 수원화성이다. 그런데 이 시기에 과로로 인해 몸의 피로감이 심하여졌고, 정치적 갈등도 극에 달하고 있었다. 할아버지 영조가 사도세자 문제를 거론하면 반역으로 치부하겠다고 하였던 점, 어머니 혜경궁 홍씨의 가문에 대한 집착으로 인한 부담감, 정치적으로 자기 신념을 공격당하는 데서 오는 상처 등이 복합적으로 작용하였고 화병을 일으키게 되었던 것으로 보인다.

이처럼 조선 중기 두 번의 전쟁을 겪은 선조와 조선 후기 부흥기의 출발점으로 인식되는 숙종으로부터 경종, 영조, 사도세자와 정조에 이르기까지 화병을 앓았던 내력을 확인할 수 있다. 왕의 지위라는 극단의 상황이 한국인의 특수한 마음병이라는 화병이 생겨난 주요한 원인이었던 것으로 보인다. 화병을 앓았던 내력을 따져 조선왕조의 질병사를 다시 쓸 수 있지 않을까 싶다.

4

유전인가 직업병인가
— 임금님들의 화병

선조, 우리 역사 최초의 화병(火病) 환자

앞글에서 살펴보았듯이 공식 기록상으로 우리 역사에서 최초로 화병(火病)을 앓은 이는 조선시대 선조대왕이다. 1592년 임진왜란 이후, 정유재란까지 7년간의 긴 전쟁을 겪으며 한양을 벗어나 의주까지 피난 갔던 선조는 명나라의 힘을 빌어 되돌아와서 간신히 왕위를 유지하게 되었다. 전쟁 전까지만 해도 품위 있고 덕망 있는 군주였던 선조는 전쟁의 과정을 거치면서 그 이전까지의 왕의 권위도 바닥에 떨어지고 민중을 구한 숱한 장수들이나 의병들, 심지어 자신이 세자로 세운 광해군에게까지도 심한 열등감을 갖게 되었다. 그리고 어느 순간 만인지상의 위치에서 느끼게 되는 열패감에 따라 밀려드는 자괴감을 견디기 힘든 지경에 이르렀을 것이다. 자괴감의 끝에 맺힌 울증은 끝내 화병이 되어 버렸다. 선조가 스스로 자신이 앓고 있는 병을 '화병(火病)'으로 언급한 이래 이 병은 조선 왕실의 누적된 유전병이 되어 버린다.

한편 이부(李琈)는 조선 선조의 5남으로, 묘호는 원종(元宗), 생전에 받은 군호가 '정원군(定遠君)'이다. 정원군 이부는 생모가 인빈 김씨이며, 적모(嫡母)가 선조의 정실인 의인왕후와 인목왕후이니, 인목왕후 소생의 정명공주와 영창대군, 선조의 또 다른 후궁인 공빈 김씨 소생의 임해군과 광해군의 이복형제이기도 하다. 훗날 정원군의 장남인 인조가 광해군을 끌어내리고 왕위에 올라 정원군을 원종 대왕(元宗大王)으로 추존하면서 조선 왕실의 적통이 정원군에게서 이어지게 되었다. 인조의 자식들인 소현세자, 봉림대군(훗날의 효종), 인평대군, 용성대군, 효명옹주, 숭선군, 낙선군 등이 모두 정원군의 손주이다.

그런데 동복 형제이자 셋째 형인 의안군이 어린 나이에 일찍이 요절하고 넷째 형인 신성군도 임진왜란 초기에 요절하였으니, 정원군 이부는 실질적으로 선조의 셋째 아들이자 큰아들 임해군, 둘째 광해군에 이어 왕위 계승 서열 3위의 정치적 지위를 차지하고 있었다. 하지만 정원군은 『선조실록』에 "성품이 포악하고 행동이 방탕하여 당시 사람들에게 손가락질과 탄핵을 받았다"고 기록되어 있는 등 맏형인 임해군이나 바로 아랫동생인 순화군 못지않게 행실이 좋지 않아서, 임진왜란 당시는 물론 그 이전 이후를 통틀어 왕족으로서 제 역할을 하지 못했던 것으로 보인다.

『선조실록』의 순화군 졸기(卒記)에는 "성질이 패망(悖妄)하여 술만 마시면 행패를 부렸으며 남의 재산을 빼앗았다. 비록 임해군(臨海君)이나 정원군(定遠君)의 행패보다는 덜했다 하더라도 무고한 사람을 살해한 것이 해마다 10여 명에 이르렀으므로 도성의 백성들이 몹시 두려워 호환(虎患)을 피하듯이 하였다."는 부분이 있어, 술만 마시면 행패를 부리고 남의 재산을 빼앗았으며 무고한 사람을 1년에 10명씩은 살해를 해서 호환처럼 여겼다는 순화군이 정원군보다는 덜하다는 평가가 있는 것을 보면 정원군의 행실과 인성이 얼마나 나빴는지 알 만한 일이다.

다행히 정원군은 나쁜 행실에도 불구하고, 어머니 인빈 김씨가 광해군과의 관계 개선에 힘을 쏟아 사이가 좋았기에 광해군 집권 중기까지는 종친으로 합당한 예우를 받았다. 선조의 맏아들인 임해군이 광해군 즉위 2년차인 1609년에 처형되었고 앞서 언급한 것처럼 3남 의안군과 4남 신성군은 이른 시기에 요절해 세상을 떠났기 때문에 정원군은 광해군 바로 다음 서열의 아우로서 주로 의전 행사 때 왕실의 종친 대표로 잔치에 참석하거나 명 사신 행차 시 접대를 맡는 등 나름의 대접을 받았다. 광해군이 옥사(獄死)를 일으킬 때마다 종친들이 지금으로 치면 '관제 데모'에 해당하는 공식 행사에 자주 동원당했는데, 이때 역시 종친의 대표로 "누구누구를 빨리 잡아 가두십시오."라며 거들거나 옥사가 끝나고 나면 역적 평정의 공로로 당시 임금인 광해군에게 존호를 올리는 데에 앞장을 서서 광해군에게 신하들을 대신해서 그 존호를 "받아주십시오."라고 청원하는 역할을 했다.

화병의 유전, 선조에서 광해군으로

그러나 해가 갈수록 심해지는 광해군의 의심병은 그조차도 피해 가지 못했으니, 결국 자신의 3남인 능창군이 광해군이 일으킨 옥사에 연루되어 죽었고, 자신이 살던 집(사저)에 왕기(王氣)가 서려 있다는 술사(術士)의 말 때문에 살던 집에서 쫓겨나기도 한다. 광해군은 정원군을 다른 곳으로 쫓아 보내고 그 자리에 궁을 짓기 시작하여 1620년 준공해서 경덕궁이라고 하였는데 이 궁이 바로 지금의 경희궁이다.

1623년 인조반정으로 인해 광해군이 폐위되고 왕위가 정원군

경희궁의 정전인 숭정전

본래 정원군의 사저였던 경희궁은 조선 광해군 때(1617~1620) 지어져서 290년간 조선시대 궁궐의 이궁으로 사용되었다. 1910년에 이곳에 일본인 학교인 경성중학교가 설립되어 교실·체육관 등으로 사용되면서 많이 변형되었는데, 특히 원래의 숭정전은 1926년에 강제로 철거되어 조계사로 이전되었다가 현재는 동국대학교 안의 정각원이라는 법당의 건물로 쓰이고 있다. 1980년에 경희궁터가 사적으로 지정되고 1985년부터 발굴조사를 한 결과를 토대로 정전인 숭정전을 1989년부터 6년에 걸쳐 복원하여 지금에 이르게 되었다.

(출처: 위키피디아, https://ko.wikipedia.org/wiki/파일:Korea-Gyeonghuigung-01.jpg)
CC-BY-2.0-KR.

의 장남인 능양군에게 이어졌으니 그가 곧 인조이다. 결국 정원군의 집에 왕기(王氣)가 서려 있다던 술사의 말이 들어맞은 셈이 되었지만, 정원군 자신은 광해군에게 집을 빼앗긴 지 얼마 안 되어 쌓인 화병(火病)으로 사망하고 말았다. 아버지 정원군과 동생 신성군의 죽음을 목격한 능양군이 아버지와 동생들의 원한을 갚기 위해 반정에 가담해 광해군을 쫓아내고 왕위에 오르면서 아버지 정원군을 정치적으로 복원하여 원종으로 추증하였지만, 정원군은 사는 내내 자신의 못된 성격대로 살지 못하고 형인 광해군의 위세에 눌려 죽은 듯이 살다가 끝내 살던 집마저 빼앗겨 화병을 앓은 끝에 목숨까지 잃게 되었던 것이다.

물론 선조가 앓았던 화병과 정원군의 화병은 근원이 다른 것이다. 문헌상에서 '화병(火病)'에 대한 기록이 처음 나오는 것은 『선조실록』 177권, 선조 37년(1604년) 8월 7일 자 기사에서이다. 임진년(1592년) 왜란이 일어나자 국민들을 저버리고 선조를 의주까지 봉행하여 자신들의 안위를 지킨 대소 신료들은 전쟁이 끝난 뒤, 전쟁의 참상 위에서도 자신들의 공을 높여 2품 이상의 휘호를 올려 줄 것을 선조에게 지속적으로 요구하지만, 이러한 후안무치한 요구에 선조는 쉽게 응하지 않았을 뿐 아니라 전쟁 후의 현실에게 겪게 되는 임금으로서의 자괴감과 함께 이러한 신하들의 후흑(厚黑)적 태도에 신물이 나서 화증(火症)이 점점 쌓여 가고 있었다.

선조는 임진왜란에서 벗어나게 된 일에 대해서, "(신하들이) 정성을 기울여 연명(連名)으로 글을 올리고 날마다 잇따라 복합(伏閣)하여 간절한 마음을 이미 다 진달"하였으나 "(신하들의) 공으로 여기지 않아 휘호를 받지 않기를 이토록 극도로 하신단 말입니까"라는 불만 섞인 신하들의 강력한 요구를 매일같이 받고 있었다. 임금과 함께 백성을 버리고 저 멀리 국경까지 달아났다가 돌아온 신하들은 부끄러워하지 않고, 자신들이 임금과 함께 나라를 지켰다는 주장을 그치지 않았다. 그들은 "당초 적이 흉모를 품고 우리를 위협했을 때에는 거절하는 뜻을 분명하게 보이고서 연유를 갖추어 중국에 아뢰었으니 진실로 이미 대의(大義)를 천하에 편 것입니다."라고 하고 "적이 우리의 도성을 짓밟게 되어서는 방책을 결정하고 서방으로 거둥하시어 중국 가까운 곳에 계셨으니 지극한 정성을 천하에 밝히기에 충분한 것입니다."라고 하였으며 "그때 팔도가 황폐되고 국맥이 거의 끊어졌으나 한 사람도 특이한 방책을 계획하여 적봉(賊鋒)을 꺾었다는 말을 듣지 못하였는데, 우리 성상께서 지극한 정성으로 사대하신 보람으로 인하여 회복하는 터전이 확립된 것입니다."라고 하는 등

궤변으로 자신들과 선조의 행위에 대해 변명으로 일관하였다.

종내는 "마침내 해이해진 법도를 진작시키고 강역을 재조(再造)하여 하늘에 계신 조종(祖宗)의 영혼이 위에서 기뻐하시고 만백성의 목숨이 아래에서 소생되었으니, 하늘에 짝하는 덕과 빛나는 공렬에 대해서는 절로 전례(典禮)가 있는 것입니다."라는 낯 뜨거운 자화자찬을 앞세워 "신들의 구구한 청은 참으로 하늘과 사람이 함께 바라는 데에서 나온 것으로 그만둘 수 없는 것입니다."라고 자신들의 주장이 당연한 것임을 강조하고 "저 임금을 따라 다니면서 노고한 신하와 싸움터에서 분주한 장사들이 모두 봉작(封爵)과 책훈(策勳)을 끝내어 우대하는 은전을 받았는데, 휘호(徽號)를 올리는 한 가지 일만은 버려두고 거행하지 않았으니, 어떻게 성대한 덕을 찬양하여 후세에 전할 수 있겠습니까."라고 자신들이 기어이 2품 이상의 휘호(徽號)를 올려 받아야겠다고 선조를 압박하고 있었다.

선조는 이러한 신하들의 태도에 동의하지 않았다. 선조의 대답은 "지금이 어느 때이기에 이런 말을 하는가. 평시에도 안 되는 것인데 더구나 지금이겠는가. 다른 임금도 안 되는 것인데 더구나 나이겠는가."라고 전제하고 "(내가) 한 해 동안 병을 앓고 있는데 온갖 약이 효험이 없어 오래도록 대신을 접견하지 않아서 보도(輔導)하는 말을 듣지 못하였고 쟁신(諍臣)을 만나지 않아서 보필하는 말을 듣지 못하였다. 이에 마음이 막히고 뭇 욕심이 왕동하는데 두어 칸 방에 홀로 있으면서 날마다 약로(藥鑪)를 상대하기만 하니, 장차 이러한 임금을 어디에 쓸 것인가. 인생이 이렇게 된 것이 슬플 뿐이다."라고 회한 섞인 말을 남긴다.

이어서 선조는 "또 나는 화병(火病)을 앓는 것이라서 계사(啓辭, 임금에게 올리는 글)를 보고부터는 심기가 더욱 상하여 후문(喉門, 목구멍)이 더욱 폐색(閉塞)되고 담기(痰氣, 가래가 많이 나오는 증세)가 더욱 성한데 이것은 좌우의 환시(宦寺)가 다 알고 있는 바이다."라고 자신의 병이 화병(火病)이며 그 병의 근원이 신하들로부터 제대로 된 보필을 받지 못하고 자신들만을 챙기는 이런 식의 신하들의 계사(啓辭)를 보고 더욱 심해졌음을 강조하였다. 아울러 "우선 다른 일은 물론하고 이것이 제일 답답하니, 다시는 아뢰지 말기 바란다. 그렇게 하면 심기를 애써 억제하여 조양(調養)할 수 있겠다."라고 신하들의 압박을 받아들이지 않겠다는 생각을 분명히 하고 다시는 언급하지도 말라는 뜻을 강하게 내비쳤다.

글월 보고 도됴거 스 그방이어 듭고
날도 陰(음)ᄒᆞ니 日光(일광)ᄋᆞ도라디거도 내 親(친)
히 보고 ᄌᆞ세 거별ᄒᆞ마 댱 用藥(용약)ᄒᆞ이
리이셔도 醫官醫女(의관의녀)를 드려 待令(대령)ᄒᆞ
려ᄒᆞ노라 분별 말라 ᄌᆞ연 아니 됴히ᄒᆞ
랴

萬曆三十一年癸卯復月十九日巳時

인목대비 어필
만력 31년(선조 36년, 1603년) 계묘 복월(6월) 19일
사시(巳時, 오전 9시~11시). 인목대비가 왕후이던
시절 정숙옹주에게 보낸 간찰(편지)이다.
(출처: 서울대학교 규장각 한국학연구원 소장. 41.4×29.6.)

조선조 왕가(王家)의 화병, 왕의 숙명인가 유전인가

어찌 보면 선조의 화병(火病)은 시대적 상황이 만들어낸 병이기도 하지만 선조를 둘러싼 인(人)의 장벽 안에서 생긴 인간적인 병이기도 하다. 이런 점에서 본래 제멋대로인 성격을 억누르며 형인 광해군의 눈치만 보고 살다가 제 풀에 못 이겨 화병을 앓았던 정원군과 그 아버지 선조가 앓았던 화병은 결과는 같지만 과정은 다른 병이라고 할 수 있을 것이다. 같은 집안에서 발생한 또 하나의 화병이 있으니 바로 선조의 정비이자 영창군의 어머니인 인목대비의 화병이다.

영창대군은 선조의 왕자 14명 중 13번째 아들이지만 유일한 적자(嫡子)였다. 때문에 선조는 이미 임진왜란 중에 세자(世子)로 책봉한 광해군(光海君) 대신 영창대군을 왕세자로 책봉할 것을 영의정 유영경(柳永慶) 등과 비밀리에 의논하였다. 하지만 1608년 선조가 갑자기 세상을 떠나면서 이 일이 무산되고, 왕위에 오른 광해군은 선조의 정비인 인목대비를 서궁(西宮)에 유폐한 뒤, 인목대비의 아버지 김제남(金悌男)을 죽이고 영창대군을 역모죄로 엮어 서인(庶人)으로 강등시켜 강화에 위리안치(圍籬安置)하였다. 영창대군은 1614년 만 8세의 어린 나이에 이이첨의 사주를 받은 강화부사(江華府使) 정항(鄭沆)과 별장 이응표에 의해 끝내 증살(蒸殺, 뜨거운 증기로 쪄서 죽이는 일)을 당하였다. 아버지와 생떼 같은 아들을 비참하게 잃은 뒤, 서궁에 갇혀 지냈던 인목대비의 한서린 삶은 〈서궁일기〉에 고스란히 기록되어 오늘에 전한다.

그러고 보면 선조에서 인목대비, 정원군에 이르기까지 한 집안에서 아버지와 어머니(배다른 어머니이지만), 그리고 아들까지가 다 화병(火病)으로 세상을 떠난 특이한 이력이 생긴 것인데 그 출발의 원인이 전쟁에 따른 후유증이었든(선조) 태생적 성격이었든(정원군) 타고난 운명이었든(인목대비) 이후 왕위를 이어받은 조선 왕조의 수많은 왕들이 '화병(火病)'을 호소하였으니 인조의 증손자인 숙종이 그랬고 숙종과 장희빈 사이에서 태어난 경종이 그러했으며 숙종과 숙빈 사이에서 태어나 고생하다가 왕위에 오른 영조에게도 적지 않은 신경증 증세가 있었고 이러한 병증(病症)은 영조의 맏아들이었던 비운의 사도세자와 그 아들 정조에까지 지속적으로 이어졌다고 하니 가히 조선판 『루공마카르 총서』(에밀 졸라)의 소재가 될 만하다.

프랑스의 대문호 에밀 졸라는 1871년부터 1893년까지 약 23년간 총 20권의 책(『루공마카르 총서』)을 통해 경미한 정신 병력

조선 왕조의 수많은 왕들, 숙종, 경종, 영조가 '화병'을 호소하였다고 한다. 이러한 병증(病症)은 사도세자와 정조에까지 지속적으로 이어졌다고 하니 가히 조선판 『루공마카르 총서』(에밀 졸라)의 소재가 될 만하다.

『루공마카르 총서』와 에밀 졸라
(출처: 위키피디아, https://en.wikipedia.org/wiki/File:Zola_Balzac.jpg
https://en.wikipedia.org/wiki/File:Emile_Zola_1902.jpg)

을 지닌 아델라이트 푸크라는 여성이 정원사 루공과 결혼하여 피에르 루공을 얻고 알콜 중독자이자 밀렵꾼인 마카르와 재혼하여 위르쉴 마카르와 앙투안 마카르를 낳으면서 그 후손 4대에 걸친 정신병력의 유전을 다룬 소설 〈루공마카르 총서〉를 썼다. 에밀 졸라는 이 대작을 통해, 아델라이드가 앓고 있는 광기, 마카르가 가지고 있던 게으름과 알코올 중독증이 세대에서 세대로 전해지는 양상을 통해 한 집안의 이야기를 넘어 근대 민중, 상인, 부르주아, 상류사회라는 사회의 네 가지 기본 구조를 면밀히 설명하고자 한 바 있다. 우리 역사에서도 선조(조선 14대 임금)에서 인조(16대), 효종(17대), 현종(18대), 숙종(19대), 영조(21대), 정조(22대)에까지 이어지는 선조 가계의 다양한 울화병(鬱火病)의 상황들은 저마다의 다른 결론으로 이어지며 임진왜란 이후의 우리 근대사의 전개 과정을 설명하는 도화선(導火線 triger)이 될 것이다.

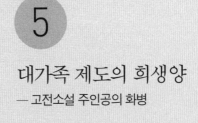

5

대가족 제도의 희생양

― 고전소설 주인공의 화병

화병에 관한 역사적 기록은 이 질병의 실재와 증상, 치료법 등을 확인할 수 있는 자료이지만, 이러한 기록만으로는 질병이 발병하는 상황적 맥락을 이해하기 어렵다. 화병은 '문화결합 증후군(culture-bound syndrom)'으로 명명된만큼 한국의 사회구조적 특징을 바탕으로 생겨난 것이다. 그렇기 때문에 그 실체를 확인하기 위해서는 역사적 기록은 물론이고 동시대의 문학작품을 통해 질병의 증상과 원인을 문화적 맥락에서 파악할 수 있을 것이다.

국문장편소설의 세계

문학작품은 질병의 문화적 · 사회적 맥락을 확인하는 질 좋은 재료이다. 그런 의미에서 '화병'이라는 병명이 회자되던 시기와 동시대에 창작된 국문 장편소설은 주목할 만하다. 국문 장편소설에 등장하는 '화증(火症)', '울화(鬱火)' 등은 『조선왕조실록』이라는 역사 기록보다 질병의 양상을 훨씬 더 현실적으로 반영하였을 것으로 짐작된다. 또한 근대소설이 질병의 원인을 다루고 있으나 이를 다소 불분명하게 서술하는 데 반해, 국문 장편소설은 질병의 양상을 극명하게 그리고 있음은 물론 사회구조나 가족관계 등이 비교적 전형화되어 있기 때문에 작품 내에서 그 병의 원인도 명확하게 드러난다. 또한 등장인물의 개성을 형상화하거나 인물이 처한 상황의 심각성을 표현하기 위한 방법으로, 인물이 보이는 병리적 특징을 강화하거나 과장되게 표현한다. 이는 국문 장편소설의 인물이 대체로 '전형적'인 인물이기 때문에 특정 성격이 극단화된 행태를 보여준다는 점과 연관되는데, 전형적 인물이 특정한 질병에 걸린다는 점에서 특정 질병에 걸린 인간의 성격적 특징을 파악하기 쉽다는 뜻이다.

그중에서도 조선 후기의 국문 장편소설은 대부분 서사의 밀도가 높고, 대가족 제도를 바탕으로 혼인을 통한 집안과 집안의 결연 과정이 주요 줄거리가 된다. 그래서 가부장제에서 벌어질 수 있는 전형적인 문제 상황이 다채롭게 등장한다. 부자관계, 부부관계, 형제갈등, 동서갈등, 적자와 서자의 갈등, 처첩갈등,

후처와 적실 자식의 갈등까지 가족 내에서 벌어지는 수많은 갈등이 응축되어 있다. 가부장제와 대가족 제도 수호의 소망을 담은 서사가 국문 장편소설이다. 국문 장편소설은 마치 그 시대를 거울에 비추는 것처럼 18~19세기를 살았던 사람들에게 자신들이 처한 현실과 동일한 삶의 양태를 보여주는 데서 오는 희열과 즐거움이 컸다. 구술과 기록 외에는 별다른 매체가 존재하지 않았던 시대, 감정 해소의 창구로서 국문 장편소설은 특별한 지위를 누리고 있었다.

이러한 특징 때문에 국문 장편소설은 현대의 TV드라마와 쉽게 비교되기도 한다. 국문 장편소설과 TV드라마는 각각 기록과 영상이라는 차이가 있지만, 서사구조의 측면이나 대중에게 향유되는 문화적 위상을 고려하면 상당히 유사한 점이 많다. 대중성과 통속성, 가족관계의 문제를 주 소재로 한다는 점에서 두 장르는 각 시대에 비슷한 역할을 하는 셈이다.

국문 장편소설의 등장인물들은 대가족 내에서 자신의 위치를 지키기 위해 의무를 다한다. 여기서 가족 내에서의 의무란 특히 '효(孝)'와 '열(烈)'이 대표적이다. 평범한 가족관계에서는 문제될 것이 없지만 계모와 전실 자식의 관계나 본부인과 양자/서자 관계의 경우 갈등의 씨앗을 품고 있다. 국문 장편소설에서는 가문의 대를 잇는다는 명목으로 맺어진 새로운 가족관계로 인해 항시 가문의 장자 승계를 둘러싼 갈등이 불거졌다. 그 과정에서 주인공들은 제각각 병리적 증상을 드러내게 된다. 가족 내에서 자신의 위치가 불안정한 데서 오는 불안함이나 고독감, 소외감은 한 인간을 자신의 내면으로 파고들게 만들기도 하고, 시댁 식구들의 부당한 처사로 인해 억울함을 느끼는 며느리의 가슴에는 화가 쌓여 마음의 병을 얻기도 한다. 하지만 전통사회에서 가슴의 분노를 바깥으로 표출할 수 있는 인물은 많지 않다. 자신의 분노를 마음에 담아 둠으로써 생길 수 있는 증상은 다양하다. 효와 열을 수행하는 과정에서 겪는 심리적 문제로 인해 국문 장편소설의 인물들은 평범한 삶을 살 수 없게 되고, 다양한 증세를 보이기 시작한다.

가부장제의 논리, 장자의 의무
　―『유효공선행록』의 피 토하는 아들 유연

　『유효공선행록(柳孝公善行錄)』은 아버지의 총애를 받는 아들과 그렇지 못한 아들, 사회적으로 출세한 아들과 그렇지 못한 아들을 둘러싸고 벌어지는 중첩된 부자갈등과 형제갈등을 주요 내용으로 하는 소설이다. 중국 명나라 때 사람인 유정경은 부인 경씨와의 사이에서 유연과 유홍 두 아들을 얻는다. 하지만 맏아들 유연이 6세 되는 해에 경부인이 죽자, 유정경은 후처를 얻지 않고 양민의 딸 주씨에게 가사를 맡긴다. 다행히 주씨는 유연 형제를 친자식처럼 기른다. 유연 형제는 한 형제이면서도 성격이 크게 달랐는데, 형은 곧은 선비로 자라났지만 아우는 몹시 간교하였다.

그런데 어찌된 일인지 아버지 유정경은 이러한 두 형제의 성정을 제대로 알지 못하고, 맏아들보다 현명하지 못한 둘째 아들 유홍을 편애하였다. 이로 인해 유연은 깊은 마음의 병을 얻지만, 맏아들의 위치에서 집안의 평화를 위해 모든 것을 감내하고 아버지의 뜻에 따른다. 하지만 동생 유홍은 형인 유연의 마음 씀씀이에 감동하기는 커녕, 자신보다 아름답고 현명한 아내를 얻은 형을 질투하는 마음을 먹고 간계를 꾸며 형을 옥에 갇히게 한다.

이와 같은 억울한 상황을 연속적으로 겪음에도 불구하고 유연은 여전히 모든 고난을 자신이 감내하려 하지만, 아버지의 오해는 끊임없이 계속된다. 그뿐만 아니라 직접적으로 아버지의

『유효공선행록(柳孝公善行錄)』은 아버지의 총애를 받는 아들과 그렇지 못한 아들, 사회적으로 출세한 아들과 그렇지 못한 아들을 둘러싸고 벌어지는 중첩된 부자갈등, 형제갈등을 다루는 소설이다. 그 속에 화병의 양상이 뚜렷이 개입한다.

매질과 폭력, 죽으라는 강요를 받기도 한다. 아버지의 위엄에 순응하는 유연의 속내는 썩을 대로 썩어 들어간다. 이처럼 가부장제의 논리는 여성뿐만 아니라 남성에게도 감옥이 되었다. 당시 이념과 제도를 따르기 위해 유연이 할 수 있었던 것은 어리석은 아버지의 오해를 받아도 참고, 악한 동생의 간계에 빠져 억울한 일을 당해도 그에 대한 분노를 밖으로 표출하지 않는 것이었다.

> 생이 천은에 감격하여 사례하고자 하매 기 더욱 거슬려 홀연 목에서 핏덩이 솟아나니 생이 황망이 삼키매 더욱 무수히 흐르는지라. 이는 본래 토혈증(吐血症)이 있는데 … 좌우로 문무백관과 우흐로 천자의 괴로히 해이히 여김을 보고 일신이 부끄럽고 스스로 몸 둘 곳이 없는지라. 기를 속에 서리 담아 과도히 쓰매 문득 피를 한 말이나 토하니…. (『유효공선행록』 권2)

유연은 아버지의 오해와 아우 유홍의 간계에도 효를 다하고자 자신이 모든 죄를 뒤집어쓰고 감옥에 가지만 결국 병에 걸린다. 위의 내용은 황제의 명으로 어의(御醫)가 병든 유연을 간병하는 장면인데, 유연은 오랜 마음의 병이 몸의 증상으로 나타나

결국 피를 토하게 된다.

유연은 어린 시절부터 정서적 고통을 겪어 왔다. 어릴 때 어머니를 잃어 모성애를 제대로 경험하지 못한 데다가, 아버지 유정경은 지나치게 동생만을 편애한다. 그와 같은 가족 내의 고립 상황에서도 유연이 아버지와 동생에게 자신의 도리를 다하였던 것은 장자로서 집안의 가계를 잇는 위치에 있기 때문이다. 그래서 유연에게 큰 전환점이 된 사건은 동생에게 자신의 자리를 빼앗긴 순간이다. 장자로서의 자신의 지위를 인정받지 못하고 아버지의 불신과 모함 속에서 동생에게 자신의 자리를 양보할 수밖에 없게 된다. 유연은 충분히 과거 시험에 합격할 수 있는 데도 자신보다 동생이 급제하기를 바라는 아버지의 마음을 눈치채고, 과거시험 자체를 치르지 않았다.

그런데 이것이 동생에게 장자 계승권을 빼앗기는 데 결정적인 역할을 하자 충격에 빠진다. 결국 인내의 이유였던 장자의 위치까지 빼앗기게 되자, 유연은 삶의 의미를 잃고 식음을 전폐하면서 우울증에 빠진 것처럼 보이기도 한다. 흔히 화병과 비교되는 질환은 우울증이다. 화병의 핵심인 분노가 폭발하지 못하면 우울증으로 변하기도 한다. 화병을 앓는 우울증 환자는 분노와 우울이 교대로 발생하는 특징을 지닌다. 한의학에서 이야기하는 화병은 '울화병'의 준말이며, 울화병은 우울증으로 대표되는 '울'과 화병으로 설명되는 '화'가 합쳐져서 병이 되었다고 설명하기도 한다. 또 화병의 발달 과정 중에서 '체념기'가 '우울증의 시기'라고 할 수도 있다. 중요한 점은 유연의 증세 중에서 신체적으로 드러나는 증상들은 우울증에 한정하면 설명되기 어려운 부분이 있다는 것이다.

아버지 유정경은 맏아들 유연을 학대하였다. 유정경은 심할 때는 유연의 머리를 풀어 잡고 서안(書案)의 옥석(玉石)을 던지는 폭력을 행사하기도 한다. 아버지에게 얻어맞아 정신없는 상황에서도 유연은 아버지의 몸을 걱정하고, 자신에 대한 폭력 행사로 인해 아버지의 평판이 나빠질까봐 두려워한다. 극한 상황에서도 자신을 돌보지 않고 아버지만 걱정하는 유연은 심지어 아버지와 동생으로 인해 자신이 감옥에 갇히게 되었을 때 극단적인 양상으로 치닫는다. 자신을 모함한 아버지의 어리석음이 탄로날까봐 스스로 미치광이 행세를 한 것이다.

이러한 큰아들의 효심에도 불구하고, 유정경은 잔치를 열어 친척들이 모두 모인 자리에서 유연이 음란하고 불효하며 혼인을 하였는데도 후사를 잇지 못하는 등 문제가 많아 장자의 자리에 둘째인 유홍을 세우겠다고 선포한다. 하지만 평소 유연의 성품을 알고 있는 친척들이 이를 반대한다. 유연을 직접 만나 유정경의 이야기가 맞는지 확인하고, 유연을 장자의 자리에 그대로 두고 싶어 한다. 결국 이 자리에서도 유연은 아버지의 허물이 드러날까 걱정하여 또 다시 미치광이 행세를 함으로써, 친척들마저도 자신을 포기하게 만들고 결국 장자의 자리에서 물러나게 된다.

문제는 마침내 장자의 자리를 빼앗긴 유연이 감정적으로 크게 동요한다는 점이다. 유연은 5~6일이 지나도록 땅에 거적을 깔고 누워 미치광이 노릇을 계속한다. 부인이 제발 몸을 돌보라고 부탁을 하였으나, 자리에서 일어나지 않으며 음식 또한 거의 먹지 않고 죽으로 연명하여 병에 걸린다. 하지만 갈등은 여기서 끝나지 않았으며, 결국 자신의 뜻과 상관없이 아버지의 명으로 황제에게 쓴 상소가 문제가 되어 귀양까지 가게 되면서 유연은 더 큰 위기에 빠진다. 이제 유연은 삶의 의욕을 잃고 무기력하다. 마치 자신을 돌보는 것조차 포기해 버린 한 인간의 모습을 보이는 것이다. 자신의 신체를 스스로 극한의 상황에 이르게 만드는 것은 자포자기한 자의 자학이라고 할 수밖에 없다.

유연은 '화를 참는 자'의 최악의 유형을 보여준다. 참아도 이렇게까지 참을 수 없다. 하지만 화병은 화를 바깥으로 배출해야

만 해소된다. 참으면 참을수록 병은 깊어간다. 일반적으로 화병은 오랫동안 자신의 내면에서 분노를 참아내다가 나이가 들어 분출되는 양상을 보인다. 『유효공선행록』의 유연은 가부장제의 규범에 걸맞는 인간형이다. 자신을 학대하는 아버지에게는 효를, 어리석은 동생에게는 지극한 우애를 베풀었다. 그러나 오랫동안 그 정성스런 마음에 대한 보답을 받지 못하였으며, 감정을 억누른 것은 자신에게 독이 되었다. 결국 주변 사람을 챙기느라 스스로를 돌보지 못한 유연은 병에 걸리게 되었다. 참는 것만이 능사는 아님을 유연을 통해 알 수 있다.

악녀에게도 '억울함'은 있다
―『완월회맹연』의 소교완

화병의 주요 원인 중 하나는 '분노'이다. 물론 분노만이 화병의 원인이 되는 감정은 아니지만, 화병은 일차적으로 분노와 관련된다. 억울함이 쌓여 바깥으로 폭발하면 분노가 된다. 그런데 억울함을 느끼고 분노하는 당사자가 반드시 정의로운 것은 아니다. 대표적인 국문 장편소설인 『완월회맹연(玩月會盟宴)』은 중

『완월회맹연』 표지와 속지
(출처: 한국민족문화대백과사전 한국학중앙연구원)

국 명나라 때를 배경으로 하여 승상 정한과 그의 후손인 정잠, 인성, 몽창 등 4대에 걸친 자손들의 입신출세와 일부다처제 안에서 벌어지는 일들을 그린 작품이다. 이 중 정잠의 후처인 소교완은 폭력적이고 악독한 여성으로 묘사된다. 그러나 소설에서 결코 정의롭지 않은 인물인 그녀에게도 나름대로 억울함과 분노가 쌓여 화를 품게 된 사연이 있다.

소교완은 좋은 가문의 막내딸로 태어났으나 부모님의 선택에 의해 억지로 정잠의 후처가 된다. 후처의 자리는 출발부터 갈등을 내포하고 있었다. 남편인 정잠은 소교완과 결혼하기 전에 이미 동생 정삼의 맏아들인 정인성을 양자로 삼았다. 하지만 소교완은 곧 아들 쌍둥이인 정인중과 정인웅을 낳아 시댁에서 자신의 입지를 공고히 할 기회를 얻게 된다. 누구보다도 소교완 자신이 그런 기대를 품었을 것이다. 그러나 남편 정잠이 양자 정인성을 계후(繼後)로 삼겠다고 결정하자 충격에 빠진다. 소교완은 후처라도 정실부인의 자리에 있는 자신이 아들을 둘이나 낳았음에도 남편이 그러한 선택을 한 것에 대해 큰 실망을 느꼈을 것이다. 이에 마음에 화가 쌓여 곧 병에 걸리니, 소교완의 병증은 매우 구체적으로 나타난다. 이 때문에 온 가족이 소교완을 걱정하고 간호하기에 이른다.

금회(禁懷) 요요(擾擾)ᄒ며 분홰 치셩(熾盛)ᄒ여 혹 번조(煩操)
ᄒ고 초갈(焦渴)ᄒ여 입이 트며 후셜(喉舌)이 말르고 소변이 젹홍
(赤紅)ᄒ여 화통(火痛)의 근졔 비경(非輕)ᄒ믈 아ᄂ 밧직 뉵ᄂ 모
녀 삼인 ᄯᆞ름이오. … 텬뉸의 졍과 부ᄌ의 ᄌ의로 구별지여(久別
之餘)의 단취(團聚)을 다힝ᄒᄂ 그 질셰(疾勢) 비경ᄒ여 음식을 슌
강(順腔)치 못ᄒ고 일신을 허번(虛煩)ᄒ여 면모 안치(眼彩)의 열홰
(熱火) ᄌ로 오르며 입이 트고 목이 갈ᄒ믈 니긔지 못ᄒ여 빙슈
을 ᄌ로 ᄂ오믈 근심ᄒ여 소공이 ᄌ로 니르러 증세를 물으며….
(『완월회맹연』 권53)

위의 인용문에 나타나는 소교완의 일차적인 증상은 입이 타
는 느낌, 붉은색 소변, 목이 마름 등이다. 이는 울화병이라 불리
는 화병의 증상과 거의 일치한다. 한의학에서 설명하는 화병의
원인이자 증상인 '화'는 위로 올라가는 특성이 있기 때문에 입이
바짝 마르고, 얼굴이 붉어지고, 무엇인가 치밀어 오르며 화끈거
림과 같은 직접적인 증상이 나타난다. 소교완이 느끼는 입이 타
는 증상은 가슴속에서 '분홰(憤火ㅣ) 치셩ᄒ고(熾盛ᄒ고)', 즉 분
해서 생기는 불길이 왕성하게 일어나서 신체 증상으로 나타난
것이다. 또한 눈에서도 (소설에서는 '안치(眼彩)'라 하였다) 뜨거운

불길과 같이 매우 급한 화증이 나타나고 있다. '열홰(熱火ㅣ) 즈로(자주) 오르며'는 그러한 뜻이다.

특히 위의 인용문 후반부에서는 소교완이 이렇게 화를 품은 이유가 '정인성 부부가 아무런 걱정 없이 화락하는 바를 통한히 여기는 마음' 때문이라고 서술하고 있다. 자신이 낳은 쌍둥이가 앉아야 할 자리를 차지하고 있는 정인성에게 화가 나 어떻게든 장자의 위치에서 몰아내려 하였는데, 정인성이 좋은 가문의 여식인 이자염과 혼인하여 행복한 신혼을 보내는 모습을 보니 분노의 감정이 점점 더 심해졌던 것이다.

결국 소교완의 분노는 양아들인 정인성뿐만 아니라, 며느리인 이자염에게까지 미친다. 소교완은 남편인 정잠과 정인성이 자리를 비운 틈을 타 며느리 이자염에게 폭언은 물론 폭행을 자행하였다. 갓 출산한 며느리에게 독약을 먹이고, 그녀가 낳은 아이를 다른 이의 신생아와 바꿔치기한 후에는 정인성과 이자염의 아이는 벼랑에 던져 죽이려고까지 하였다. 이 사건에서 며느리 이자염은 명백한 피해자이다. 하지만 소교완의 입장에서 보면 어떻게든 남편과 정인성이 없을 때 며느리를 죽여 없애서라도 자신의 화를 해소하고 싶은 욕망을 분출하는 대상일 뿐이다.

소교완의 사례처럼 큰 정신적인 충격을 겪은 후에 분노가 조절되지 않아 폭발하는 것을 '외상 후 격분 증후군'이라 한다. '외상 후 격분 증후군(Post-Traumatic Embitterment Disorder: PTED)'은 충격적인 상황이 닥쳐올 때 주로 발생한다. '외상 후 격분 증후군'도 크게 보면 화병이다. 일반적인 화병에 비해 화병 이전에 참는 기간이 짧고, 증상도 매우 감정적이고 행동적이다. 화병이 주로 신체적인 증상을 호소하는 면이 강하다면, 이 장애는 분노의 폭발이 감정적이고 행동적으로 드러난다. 물건을 던지고, 욕을 하고, 심지어 폭행하기도 한다. 현대의학에서 화병에 대한 연구가 심화되고 임상 기록이 축적되면서 다양한 사례를 보여주고 있는데, 그중에서도 분노의 시대를 맞은 현대사회의 일면을 단적으로 보여주는 것이 '외상 후 격분 증후군'이다. 자신의 현 위치나 가족 내에서의 지위, 시대적인 윤리를 무시한 채 지나치게 폭력적으로만 일관하는 소교완의 행동은 외상 후 격분 증후군의 전형적인 사례로 볼 수 있다.

결혼 전 소교완은 오빠가 여럿인 집안의 막내딸로 태어나 온 집안의 사랑을 독차지한 귀한 딸이었다. 그래서인지 어릴 때부터 영악한 면이 있었고, 사랑을 독차지하기 위해 교활한 일을 일삼기도 하는 등 성품이 성숙하지 못했다. 소교완의 부모는 막내딸의 이러한 성격적 결함을 개선하기 위해 노력하였고, 그러한 부모의 태도는 사랑을 갈구하던 소교완에게도 전달되었다. 그러나 부모가 후처 자리로 자신을 보낸 것을 알게 된 소교완은 아버지의 선택에 절망한다.

게다가 소교완은 혼인 후에도 이미 사망한 정잠의 첫 번째 부인인 양부인과 여러 면에서 비교를 당했다. 시댁 식구들은 소교완을 겉으로는 따뜻하게 대하지만 소교완의 인물됨이 양부인만 못하다는 점을 아쉽게 여긴다. 더구나 남편인 정잠은 혼인한 후 3~4개월 동안이나 후처인 소교완과 첫날밤을 치르지 않다가 어머니가 강권하자 그제야 마지못해 동침하게 된다. 그 후에도 소설 곳곳에서 정잠은 아내 소교완을 박대한다. 전쟁으로 국가의 부름을 받고 출병하게 된 때에도, 다른 가족들과 눈물로 인사를 하면서도 소교완과는 눈도 마주치지 않은 채 '잘 있으라'는 한마디만 남기고 떠나 버린다. 또한 쌍둥이 자식 중에서도 자신의 맘에 들지 않은 정인중은 본 체도 하지 않아 주변 사람들이 무안해할 정도였다.

더 큰 문제는 끔찍한 폭력을 행사하는 소교완의 행동을 정씨 일가 중 누구도 나서서 제지하지 않았다는 점이다. 다만 소교완의 악행을 뒤에서 조용히 수습하고자 하며 누구도 그녀에게 진심어린 충고나 제재를 하지 않는다. 이러한 상황을 고려한다면 소교완은 그때까지도 내면적으로는 정씨 가문의 일원으로 인정받지 못하였던 것은 아닐까 하는 추측도 가능하다. 결국 소교완의 악행의 원인은 그녀의 성격 문제도 있지만 남편의 무관심과 정씨 일가의 방관도 중요한 이유가 되었다고 할 수 있다.

새어머니인 소교완의 이러한 태도에도 불구하고 정인성 부부는 어머니에게 효를 다하지만, 소교완의 증오와 미움은 점점 커지고 이러한 감정으로 인해 다양한 병증을 보인다. 소교완은 정인성을 죽이고 싶어 하지만, 남편이 무서워 이를 행하지 못한다. 급기야 분노가 한계에 도달하고 이것이 원인이 되어 등창이 생긴다. 소교완의 이러한 증세에 대해 남편 정잠은 '병의 독기가 오장육부에 사무쳐 심각한 등창으로 번진 것'으로 파악하고, 그녀의 종기를 터뜨린다.

상국이 좌를 근ᄒ여 일일히 ᄀᄅ쳐 창근(瘡根)을 다 버혀니고 괄골 쇼독홀시 녜붜 본디 신긔흔 술법이 기빅과 훤원의 느리미 업거늘 눈이 늠들니 븕으며 손이 ᄲᆞᄅ미 이상흔지라 빅부의 ᄀᄅ치시믈 조츠 괄골 한창ᄒ들 신긔히 ᄒ니 독혈(毒血)이 낭즈히 흐르니 살홀 뿟고 ᄲᅢ를 긁어 니기를 다ᄒ미 흰 ᄲᅢ 소소ᄒ니 부인이 비록 견고 혹독ᄒ나 맛츰니 규즁의 잔약흔 부인이라 엄연

혼도ᄒ여 싱긔 전무ᄒ니…. (『완월회맹연』 권163)

결국 모든 악행이 드러난 소교완은 친정으로 쫓겨나지만 정인성의 노력에 의해 집으로 되돌아와 남편인 정잠과의 관계를 회복한다. 이후 소교완의 병증이 나아지는 것은 정인성이 장자로서 집안을 승계할 만한 인물이며, 자신의 악행에도 불구하고 아들-며느리가 자식으로서의 도리를 다했다는 것을 인정하였기 때문에 가능했다. 분노의 대상이던 정인성 부부에 대한 미움을 버리고 남편과의 관계를 회복한 소교완은 비로소 자신의 위치를 되찾으며 화락에 이를 수 있었다.

『성현공숙렬기』의 유연, 『완월회맹연』의 소교완, 이 두 사람은 정신적인 문제로 인해 질병에 걸린다. 이들이 긍정적 인물이든 부정적 인물이든 간에, 그들의 몸에 병적인 증상이 나타나는 이유는 '억울함'의 누적과 이로 인한 분노이다. 그런데 이들의 주변에서 이러한 마음 상태를 알아주거나 하소연을 들어주는 사람이 없다. 위로와 공감을 해주는 인물을 찾을 수가 없다. 전통사회에서 개인은 가족 내에서 자신의 위치를 공고히 하기 위해서는 억울한 상황을 참아내는 것은 물론이고, 그러한 감정을 가졌다는 것조차 표출하지 않아야 했다. 문제는 밖으로 표출하지 못한 억울함이 내면에 쌓이게 되고 이것이 신체에 병을 일으켰다는 점이다. 누적된 억울함이 끓어오르는 것이 '화'일 것이며, 오랜 시간 바깥으로 표출하지 못하는 화는 신체를 망가뜨리거나 비정상적으로 폭발하고 만다. 앞에서 살펴본 국문 장편소설의 두 중심 인물은 가부장제 하에서 좌절과 분노를 느낀다는 점에서는 공통된다. 병에 걸린 두 인물을 통해 전통적인 가부장제에 내재된 질병적 징후를 확인할 수 있다.

그런데 유연은 분노를 내면에 쌓기만 하였고, 소교완은 바깥으로 표출하면서 악행을 저지른다. 대부분의 국문 장편소설이 그러하듯 소설의 결말에서 두 사람 모두 자신의 위치를 회복한다. 하지만 유연은 40대 초반에 마음의 병이 깊어져 죽게 되고, 소교완은 개과천선하여 가족과 조화를 이루며 화락한 가정의 일원이 된다. 행복을 누리는 것도 개인의 건강이 담보되어야 가능한 일이다. 억울함과 분노를 쌓기만 하면 자신의 수명을 다하기 어렵다.

6

자식이 웬수
— 부모들의 훈장, 화병

부모에게 '불효자식'이란 입 안에 있는 소태 같은 존재이다. 낳아 주고 길러 주는 부모의 은혜를 배신하고 말썽을 피우는 못된 자식들 때문에 속 끓이고 애간장이 녹아내린 마음에 든 병, 바로 어머니의 화병이다. 많은 어머니들이 못난 자식, 못된 자식으로 인해 화병을 앓다가 한 많은 삶을 마치는 일이 우리 역사에 비일비재했는데, 『조선왕조실록』의 기록을 통해 그 두어 가지 기록을 들여다보자.

왕에게까지 보고되는 죄악, 불효

1514년(중종 9년) 11월 12일 기사에는 경상도 지역의 불효자 때문에 화병으로 죽은 어머니에 대한 내용이 실려 있다.

기록에 따르면, 경상도(慶尙道) 초계군(草溪郡; 오늘날의 합천 일대-필자 주)에 사는 이명윤(李明胤)이, 자신의 어머니가 손자를 사랑하여 따로 노비[奴子]를 주었더니 이명윤이 시기하여 그 노비를 때려 죽였다 한다. 남도 아니고 자신의 아들을 위해 자신의 어머니가 보내준 노비를 때려죽일 정도인 망나니 이명윤은 어떤 사람이었을까. 어쨌든 이 일로 인해 그 어머니가 화병으로 죽었는데, 이명윤은 게다가 자신의 조카를 모해(謀害)하려고 고의로 자기의 종을 죽이고는, 조카가 죽인 것이라고 하며 관청에 고발하기까지 하였으니 아마도 그 집안의 패륜아 중의 상패륜아였던 모양이다.

문제는 이것이 작은 사건이 아님에도 불구하고 경상도의 감사와 그 고을 수령이 아무런 조치를 취하지 않아서, 해당 사건을 조사도 하지 않고 벌을 주지도 않았다는 점이다. 이를 문제삼은 조정의 관료들은 이 문제를 제기하기에 앞서 먼저 "(음력 11월 한겨울임에도) 겨울 날씨가 매우 따뜻한데 남방이 더욱 심하여 초목(草木)과 온갖 꽃이 활짝 피고 새들도 집을 지으니, 재변이 이렇게 심한 적은 없었습니다."라고 이명윤의 패륜으로 인해 이러한 자연 재해가 일어났음을 강조하며 이러한 패륜은 절대로 있어서는 안 되는 일임을 중종에게 강조하였다. 이에 대해 중종은 "겨울이 봄날처럼 따뜻한 것은 과연 말한 바와 같다(크

이명윤은 자신의 어머니가 손자를 사랑하여 따로 노비를 주었더니 이를
시기하여 그 노비를 때려 죽였다. 아들의 패륜으로 인해 어머니가 화병
을 얻어 죽게 된 사건을 개인의 문제가 아니라 중요한 사회 문제로 보고
이를 관리 감독할 지방 관리들의 소홀함이 더 큰 문제라고 보아 임금과
조정 대신들이 심각하게 논의하였다.

나쁜 재변이다)."라고 답하고는 "(이명윤의 일은) 풍속이 상패(傷敗) 됨이 이 지경에 이르렀으니, 이것은 수령과 방백이 능히 인도하 여 다스리지 못해서 그렇게 된 것이다."라고 하였다. 이어서 승 정원(承政院)에 전교하여 "이명윤의 일은 본도의 감사로 하여금 빨리 추국(推鞫)하게 하라."고 명을 내린다. 이후 이명윤의 일이 어떻게 처리되었는지 기록에 남겨져 있지 않아 알 수는 없지만 이 이야기를 통해 아들의 패륜으로 인해 어머니가 화병을 얻어 죽게 된 사건을 개인의 문제가 아니라 중요한 사회 문제로 보고 이를 관리 감독할 지방 관리들의 소홀함이 더 큰 문제라고 보았 던 조선 시대 지배층의 시각을 엿볼 수 있다.

며느리의 등쌀에 시부모가 잇단 사망

한편 부모의 마음을 멍들게 하는 것은 아들만이 아니다. 현종 9년(1668년) 9월 16일 자 기사에는 유학(幼學)* 유탁무 부부의 죽

---

* 관직에 아직 오르지 않았거나 과거를 준비하며 학교에 재학 중인 유생(儒 生)을 가리키는 말. 유생과 혼용되어 사용했으나 과거를 응시할 때, 또는 호적에 기재할 때에도 사용했다. 유학(幼學)은 단순히 유생(儒生)이란 뜻뿐

음과 관련하여 며느리 성씨를 잡아 가두는 일에 대한 기사가 나온다.

유학(幼學) 유탁무(柳卓茂) 부부가 하루 안에 병도 없이 죽었는데, 겨우 6일 만에 함께 발인하면서 친척들에게도 알리지 않았습니다. 모두들 말하기를, 탁무의 아내가 그 자부(子婦)인 성씨녀(成氏女)와 서로 싸우다가 다쳐서 죽었다고 합니다. 탁무는 봉변을 당하자 목을 매어 죽었다고 하고 혹은 독주(毒酒)를 마시고 죽었다고도 합니다. 사대부들 간에 말들이 자자합니다. 일이 강상(綱常)에 관계되고 매우 놀랍고 참혹하니, 유사(有司)*로 하여금 탁무의 며느리를 잡아가두고 분명하게 조사해서 법률에 따라 결단하게 하소서.(『조선왕조실록』「현종실록」, 현종 9년 9월 16일 자)

집의(執義) 권격(權格) 등에 의해 고소된 이 사건은 처음에는

만 아니라 양반 신분을 가리키는 법제적인 의미도 있었다.
* 유사(有司)는 조선 시대 등의 전통사회에서, 향교·서원·이정(里政) 등이나 필요에 의해 구성된 자생적 모임인 동계(洞契)·혼상계(婚喪契)·갑계(甲契)·수리계(水利契)·두레 등의 각종 계모임, 어떤 일을 해결하기 위해 모이는 일시적인 성격의 집회 등에서 경리·연락·문서작성 등에 관한 일을 관장하는 직책을 말한다.

단순한 사고사 혹은 집안 내 갈등에 따른 자살 정도로 보고되어 이튿날 의금부로 사건이 이송되었다. 현종 9년(1668년) 9월 17일 의 기사는 다음과 같다.

> 형조가 아뢰기를, "유탁무의 며느리 성가녀(成哥女)는 가계(家係)가 사족(士族)이니, 의금부로 옮기소서." 하니, 상이 따랐다."
>
> (『조선왕조실록』「현종실록」, 현종 9년 9월 17일 자)

이후 사건은 좀 더 복잡한 양상을 띠고 전개된다. 유탁무의 며느리인 성가녀가 의금부로 이송된 사흘 뒤(1668년 9월 20일)에, 의금부에서는 "유탁무의 며느리가 승복을 하지 않으니 마땅히 형추(刑推)할 것을 청해야 하겠습니다만, 범한 것이 강상(綱常)에 관계되는지라 그의 지아비 일가붙이들을 의금부에서 추핵한 뒤에 여쭈어 처리하겠습니다."라고 보고하고 그로부터 이틀 뒤 (1668년 9월 22일) "삼성(三省)이 교좌(交坐)하여* 성비희(成非喜) 등 을 추국하였다."는 기록 뒤에 "형조가 죄가 강상에 관계된다는

---

* 삼성 교좌(三省交坐)란 의정부(議政府), 의금부(義禁府), 사헌부(司憲府)의 삼성(三省)이 함께 집무하는 일을 말한다. 주로 십악(十惡) 등 강상(綱常)에 관계되는 큰 옥사(獄事)를 치를 때, 삼성이 교좌하여 추국(推鞫)한다.

이유로 유진(柳袗)과 유회(柳檜)를 금부로 이송할 것을 청하였는데, 의금부에서는 전례대로 삼성 추국할 것을 청하였다."라는 내용과 "비희는 바로 유탁무의 며느리이다."라는 내용이 잇따른다. 이를 통해 성가녀(成哥女)의 본명이 성비희(成非喜)였다는 사실이 확인되었고, 이 문제가 단순히 성가녀(成哥女), 즉 성비희(成非喜)의 죄에 한정되지 않고 성비희의 남편인 유진(柳袗)과 이 사건의 방관자인 시아주버니 유회(柳檜)에게까지 확산되어 집안 전체의 문제로 인식되고 있었음을 알 수 있다.

다시 며칠 뒤(1668년 9월 25일) 임금이 배석한 자리에서 성비희의 옥사(獄事)를 처리한 결과가 보고되었다. 보고의 핵심은 성비희가 성질이 불순하여 이른바 '부모에게 불순한 자'의 부류인 것은 맞지만 성비희가 시부모에게 욕을 한 정상(情狀)이 분명하지 않고 또 성비희가 시부모를 직접 시역(弑逆)한 것도 아니기 때문에 이 일이 삼성추국(三省推鞫)을 할 정도의 사안은 아니라는 점과 그럼에도 불구하고 부모에게 불순한 것도 역시 강상에 관계가 되므로 "강상을 범하여 정리(情理)가 깊고 중한 죄에 대한 법률(罪犯綱常情理深重之律)"에 따라 "삼천리 유배로 처결하는 것이 좋겠다"고 결론을 맺는다. 다만 "그가 스스로 시어머니가 자신 때문에 죽었다고 하였으므로 그가 자결을 한다면 모르겠지만, (시어머니를 직접 죽인 것은 아니기 때문에) 시어미를 죽인 죄에 해당하는 벌을 주는 것은 옳지 못하다"라는 단서가 붙었다.

결국 그로부터 8일이 지난 다음달 3일(1668년 10월 3일) 성비희는 사형만 간신히 면한 채, 멀리 강계(江界)에 정배(定配)되었고 성비희의 남편인 유진은 집안을 다스리지 못한 죄로, 가까운 곳에 도배(徒配)되었다.

사건이 복잡하게 전개되었지만 전말은 이러하다. 유학 유탁무의 아들인 유진(柳袗)의 아내 성비희는 오랫동안 시부모에게 불손한 언사를 일삼았는데 이에 시어머니가 화병을 앓다가 이유없이 죽게 되었다. 시아버지인 유탁무도 이 사실을 알고는 자결을 하였는데 이에 대해서 사대부들 간에 여러 가지로 말이 많아지자 관에서 이를 임금에게 알려 해결을 촉구한 것이다. 조사결과 성비희의 불순한 태도 때문에 시어머니가 화병으로 돌아간 것과 이 때문에 시아버지인 유탁무도 죽음을 맞이하게 되었다는 점이 확인되었다. 하지만 며느리인 성비희가 시어머니를 직접 욕했다든지 직접 죽였다든지 하는 근거가 없기 때문에 사형까지 시키는 것은 부당하고 멀리 정배를 보내는 것으로 타협을 보았다는 것이다.

국정의 현안으로 떠오른 불효죄 처리

성씨녀(成氏女), 성가녀(成哥女), 성비희(成非喜)라고 불리운 이 여성은 이름부터가 '非喜(기쁘지 않음)'이니 태어날 때부터 그 탄생을 축복 받지 못한 아이였던 모양이다. 이름으로만 볼 때 집안의 사랑을 충분히 받지 못한 상태에서 태어나서 자랐을지도 모를 이 여성은 시집을 가서도 시댁의 사랑을 받지 못하였거나 사랑 받지 못할 행동을 일삼았던 모양이다. 이 여성의 불손한 태도는 지엄한 양반 가문의 시부모에게는 견디기 어려운 시련이었고 결국 시어머니와 시아버지는 시간을 달리해서 하나씩 화병과 그에 따르는 모멸감으로 죽음에 이르게 되었다. 그 원인이 며느리에게 있었으므로 비록 직접 시부모에게 욕하거나 시해한 것은 아니더라도 부모자식 간의 윤리가 엄격한 조선 시대의 한복판에서 이 문제는 결코 가벼운 문제가 아니었다. 조정의 원로들이 모인 삼성(三省)이 모두 모여 머리를 맞대 보았지만 결론은 쉽게 나지를 않았다.

의금부가 성비희(成非喜)의 옥사에 대해서 정리해서 임금에게 올린 내용에 따르면, 영부사 이경석(李景奭)은 "비희가 시부모를 시역(弑逆)을 한 것도 아니고 시부모에게 욕을 한 일도 없다면,

강상죄를 범한 것으로 결정하는 것은 너무 무겁지 않겠냐?"고 하고는 "이것은 예율(禮律)에 있어서 쫓아내는 죄에 해당한다." 고 본 후, "정리(情理)와 법률(法律)을 참작하여 중도를 얻도록 해서, 너무 무겁거나 너무 가볍지 않게 해야 한다."라고 답하였다. 판부사 정치화는 "죄인 비희가 평소 시부모에게 불순했을 뿐만 아니라 그 시어미가 화병이 나서 결국 죽게 되었다는 말이 남편인 유진의 공초에서 이미 나왔고 보면, 비록 삼성추국으로 다스릴 수는 없더라도, 그 불순한 죄만을 논하고 말아서도 안 된다"고 하고는 "정리(情理)와 법률을 참작하여 사형을 면제하고 정배하는 것이 합당하다."고 하였다. 좌의정 허적은 "율문을 두루 상고하고 깊이 생각해 보았지만 끝내 적당한 조항을 찾지 못하였다."고 한 뒤, "부득이하다면 정리와 법률을 참작하고 비율(比律)로 절충하여 먼 변방에 귀양을 보내어 그 악을 징계하고 풍속을 바룬다면 무겁지도 가볍지도 않아서 중도에 맞을 듯하다."는 의견을 내었다. 판부사 송시열은, "그 시어미가 비희 때문에 죽었다면 지은 죄가 무겁거나 가볍거나 간에 범연히 불순의 율로만 처리하기는 어렵다."고 한 뒤, "죽음만 겨우 면하게 하는 것이 합당하다."는 의견을 내었고, 송준길은 "비희가 비록 효순(孝順)의 도리는 잃었으나, 또한 고부 간의 갈등에서 일어난 일

『삼강행실도』〈효자도, 민손단의〉
민손이 새어머니를 공경하는 이야기를 담았다.
(출처: (고려대본) 『삼강행실도』)

에 불과하다."고 대수롭지 않게 보고 "우연히 그의 시어미가 죽은 것은 실로 그가 그렇게 되기를 바란 일은 아니다. 참작하여 율을 쓰는 것이 옳을 듯하다."는 의견을 내었다.

정리하자면 영부사 이경석(李景奭)과 송준길은 성비희에 대한 처결에 대해 동정론의 입장에 서 있었고 판부사 송시열과 판부사 정치화는 죽음만을 면한 최고형을 내려야 한다는 입장이었으며 좌의정 허적은 이에 대한 뚜렷한 입장은 없지만 멀리 귀양 보내는 것이 무겁지도 가볍지도 않은 중도에 맞는 처결이라고 보고 있었다. 당시 조정에서는 이 문제에 대해 의정부(議政府), 의금부(義禁府), 사헌부(司憲府)의 삼사(三司)가 모두 모여 3주 가까이 심각한 토론을 거쳤는데, 결과적으로 정상은 참작하되 처벌할 수 있는 가장 강력한 처벌을 함으로써 이러한 사건이 다시 발생하지 않도록 백성들에게 강력한 경고의 메시지를 전달하고자 하였다.

물론 이러한 경고가 얼마나 당시의 일반 백성에게 피부에 와 닿았는지는 알 수 없다. 조선시대 내내 조선의 위정자들은 『삼강행실도』(1434년, 세종16년)며 (언해본)『삼강행실도』(1481년, 성종12년), 『속삼강행실도』(1514년, 중종9년)며 『동국신속삼강행실도』(1617년, 광해군9년)와 같은 효자, 열부를 칭송하는 책들을 출간하여 유교적 질서를 강조하고 가정 내의 불화를 해결해 보고자 했지만 아들, 딸과 며느리, 사위들로 인해 생기는 부모들의 화병의 절대량은 결코 줄어들지 않았다.

앞서 다룬 두 이야기를 통해 자식과 며느리, 사위 등으로 인해 화병을 얻어 죽음에까지 이르는 조선 시대의 부모들의 이야기가 어떻게 사회화되었고 조선 시대에 어떠한 방식으로 이 문제를 개인의 문제에 그치지 않고 집안을 넘어 국가의 기강의 문제로까지 연결시키고 있는지에 대해 오늘날 진지하게 생각해 볼 필요가 있다. 부모자식간의 정이나 혼인으로 맺어진 인척간의 관계가 더 소홀해진 지금 조선시대의 다소 무겁지만 깊이 있는 이 고민들이 반면교사가 되길 바라는 마음이다.

7

아내의 도리
— 뒤틀린 부부관계와 화병

들어가는 말

—화병은 중년 여성의 질병

화병의 주인공으로 특히 '나이 든 여성'이 거론되는데, 이는 의학적으로도 어느 정도 근거 있는 이야기이다. 화병과 유사하다고 생각되는 병으로 서양의학에서 '가정주부 증후군(housewife's syndrome)'을 비교하는 것도 이러한 이유에서이다. 한의학에서는 '나이가 들면 생활 스트레스는 줄지만 쌓였던 화는 서서히 나타나기 시작하고, 불현듯 화의 폭발이 일어나게 된다.'고 본다. 화병을 오랫동안 연구한 한의사 김종우는 여성의 경우, '여인기울(女人氣鬱: 여인의 기가 쉽게 울체된다)'이라고 하여 여성 화병에 주목하고 있다. 일반적으로 화병이 발병하는 시기가 40~50대인데, 결혼한 여성이 결혼 생활에서 여러 가지 이유로 오랫동안 스트레스를 받으며 화를 참는 기간이 10~15년 정도이고, 그 화가 원인이 되는 신체적인 증상을 호소하는 시기가 40~50대라는 것이다.

중년 여성의 화병 증상은 각각 '울구화화(鬱久化火)-쌓이는 것이 오래되어 화로 바뀐다', '심신불교(心身不交)-나이 들어 마음과 몸의 조화가 깨져 교류하지 못한다'와 같은 한의학 용어로 설명할 수 있다. 특히 심신불교의 경우, 젊었을 때 잘 참던 사람이 나이가 들면서 화를 참지 못하게 되는 이유를 설명해 준다. 여성의 화를 돋우는 원인은 다양하겠지만, 혼인 관계를 통해 성립된 남편과의 관계, 시댁과의 관계에서 생기는 갈등이 중요한 이유가 되어 왔다. 이것은 한국 사회에서 오랫동안 지속된 삼종지도(三從之道)의 규범이 여성의 삶을 옭아매어 왔기 때문이다.

삼종지도(三從之道)의 신화
— 〈도랑선비 청정각시〉

삼종(三從)이란 "결혼하기 전에는 아버지를, 결혼해서는 남편을, 남편이 죽으면 자식을 따라야 한다"는 의미로, 유교문화권에서 통용되었던 여성의 보편적인 규범이다. 가부장제 하에서의 여성의 지위와 역할을 한마디로 요약해주는 표현이라 할 수 있다. 전통사회에서 삼종지도가 여성의 삶에 얼마나 억압적으로 작용했는지 확인할 수 있는 다양한 이야기가 전한다. 허구의 이야기는 때로는 실제 현실보다 더 사실적으로 현실을 그려내기도 한다.

함경도에서 죽은 사람을 위한 '망묵굿'에서 불렸다는 〈도랑선비 청정각시〉는 두 남녀의 혼인에 관한 이야기이다. 귀한 집에서 외동딸로 자란 청정각시는 부모의 뜻에 따라 도랑선비와 혼인을 약속한다. 전통사회에서 혼인 약속은 납채(納采) 단계에서 이루어지는데, 중매쟁이를 통해 혼인 의사를 물은 뒤에는 신랑집에서 납채서를 보내면 신부 집에서 승낙하는 과정이다. 전통사회의 예법에 따르면 두 사람의 부부관계는 이미 이 단계에서 성립되었다고 볼 수 있다.

마침내 혼례식을 하는 날이 되어 도랑선비가 신부 집의 대문으로 들어가려고 하는 순간, 알 수 없는 무엇인가가 자신의 뒤통수를 잡아당기는 느낌을 받는다. 겨우 혼례식을 마치고 나서, 도랑선비는 몸이 불편함을 견디지 못하고 곧 자신의 집으로 돌아가 버린다. 그런데 그다음 날 청정각시는 도랑선비가 죽었다는 소식을 듣게 된다. 첫날밤을 치르지도 못한 채 과부가 된 청정각시의 사정은 이때부터 더욱 딱하게 된다. 이미 혼인은 성립되었으나, 이것만으로는 청정각시가 남편 가문의 사람으로 인정받은 것은 아니기 때문이었다. 여기서 중요한 점은 청정각시의 정체성이 모호해졌다는 것이다. 친정아버지를 떠나, 남편을 따라 삼종지도의 길을 걸어야 할 텐데, 남편의 급작스런 사망으로 인해 어디에도 속하지 못하는 애매한 존재로 남게 된 것이다. 이러한 상황에서 청정각시가 할 수 있는 행동은 자신의 위치를 공고히 하기 위한 노력일 것이다.

그래서인지 도랑선비의 죽음을 알게 된 청정각시는 그 즉시 검은 머리채를 풀어 산발하고 시댁으로 간다. 청정각시는 3일 동안 오직 물만 마시며 슬피 곡을 하여 남편을 잃은 아내가 해야 할 도리를 다한다. 그 곡소리가 어찌나 슬펐는지 이를 들은 하늘의 옥황상제는 청정각시에게 남편을 만날 방법을 알려준다. 하지만 이것은 기회인 동시에 청상과부가 된 청정각시에게는 끔찍한 시련이기도 하였다. 아래에 제시한 것처럼 시련은 단계를 넘어설수록 가혹해진다.

정화수를 길어, 산 앞에 가서 첫날밤의 이부자리를 거기에 펴고, 첫날밤에 입었던 옷을 입고, 혼자서 3일간 기도를 하라.

너의 머리카락을 하나씩 뽑아 삼천 발 삼천 마디가 되도록 노끈을 꼬아 안내산 금상절에 가서 한 끝은 법당에 걸고, 또 한 끝은 공중에 걸고 두 손바닥에 구멍을 뚫어 그 줄에 손바닥을 끼워 삼천 동녀가 힘을 다하여 올리고 내려도 아프다는 소리를 하지 않아야 만날 수가 있으리라.

참깨 닷 말, 들깨 닷 말, 아주까리 닷 말로 기름을 짜서 그 기름에 손을 적셔, 찍고 말리고, 말려서 찍고 하여, 그 기름이 없어지거든, 열 손가락에 불을 붙여 그 불로 불전에 발원하면 되리라.

안내산 금상절에 가는 고갯길을 어떤 도구도 사용하지 않고, 이쪽에서 저쪽까지 길 닦음을 하면 만날 수 있으리라.

옥황상제가 제안한 방법은 청정각시에게는 감당할 수 없을 만큼 크나큰 시련이며, 그녀가 이를 해내기 위해 손 등의 신체를 훼손하는 대목에 이르면 엽기적이기까지 하다. 청정각시에게 주어진 시련은 직접적으로는 죽은 남편을 만나기 위한 과정이지만, 한편으로는 과거 결혼한 여성이 짊어져야 할 삶의 고통을 상징하는 것이다. 하지만 이러한 시련을 감수함에도 불구하고 청정각시는 도랑선비와 함께하지 못한다. 시련을 이겨내고 도랑선비를 만날 때쯤이면, 매번 도랑선비는 청정각시의 손에 닿을 듯 닿을 듯 닿지 않는다. 결국 도랑선비는 자신 때문에 애태우는 청정각시에게 영원히 함께할 수 있는 방법을 알려준다.

> 나와 같이 살려거든 집에 돌아가서, 오대조 할아버지께서 심으신 노가지 향나무 한 끝에 세 치 명주를 걸고, 한 끝은 너의 목에 걸고 죽어라. 죽어서 저승에서 만나야 우리 둘이 잘 살리라.

결국 그 방법이란, 목숨을 끊음으로써 청정각시가 열녀의 대열에 합류하는 것이었다. 조선 후기 열녀문이 강요에 의해 죽음을 선택한 여성들의 피로 세운 기둥임을 고려한다면, 청정각시 신화는 결코 허구라고만 볼 수 없다. 이 이야기에서 청정각시에게 부과된 시련은 남편을 따라 가부장제에 편입하기 위해 겪어야 하는 고난이다. 그렇기에 목을 매고 죽어 저승의 입구를 디디며 청정각시가 외치는 말, "나는 청정각시요, 빨리 도랑선비를 보게 하시오."는 죽음이라는 방식으로라도 삼종지도의 규범을 지킴으로써 사회적으로 인정받아야 했던 전통사회 여성의 운명을 단적으로 보여준다.

놀랍게도 이 이야기는 조선 시대 함경도 지역의 굿에서 불리던 노래이다. 이러한 노래를 무당이 굿판에서 부름으로써 얻을 수 있는 효과는 무엇이었을까. 굿이라는 종교적 방법을 통해 이를 구경하는 여성들에게 가부장제 이데올로기를 재교육시키는 역할을 했다고 볼 수 있지 않을까. 여성의 순종이 당연시되던 시대, 여성에게 부과된 물리적인 억압과 폭력 역시 당연시되었다. 청정각시에게 반복되는 수난은 남성 지배 체제를 신체에 새겨 나가는 과정을 의미하며, 이를 통해 청정각시는 자신의 사회적 정체성을 분명히 할 수 있는 기회를 얻었다. 〈도랑선비 청정각시〉처럼 다소 과장된 서사가 가능했을 만큼 혼인으로 성립된 부부관계의 의미는 여성에게 절대적인 것이었다. 이러한 절대성과 굳은 약속이 양쪽에 모두 적용되는 것이었다면 공정하였겠지만, 여성에게만 억압적으로 작용하였으므로 억울함이 쌓일 수밖에 없다. 〈도랑선비 청정각시〉는 그러한 억울함은 외면하고, 낭만적인 결말을 향하고 있기에 더욱 비극적으로 느껴지기도 한다.

며느리의 위치, 아내의 도리

— 〈성현공숙렬기〉의 주숙렬의 고통

〈도랑선비 청정각시〉의 청정각시는 남편이 급작스레 죽었기 때문에 그를 따라 자결함으로써 자신의 위치를 지킬 수 있었으나, 전통사회에서 대부분의 여성은 삼종지도를 자신의 삶에서 실현하기 위해 몸부림쳐야 했다. 시부모를 내 부모와 같이 모시고, 남편에 순종하며 살아야 했기에 '고부갈등'과 '부부갈등'은 결혼 이후의 삶에서 필연적으로 생겨났다. 그 과정에서 억울함과 분노가 쌓여 생긴 화병은 심하면 죽음으로 이어지기도 하였다. 『조선왕조실록』의 기록을 통해서도 이를 확인할 수 있다.

유진의 처의 죄를 논하여, 사형을 면제하고 강계(江界)에 정배(定配)하였다. 집안을 다스리지 못한 유진의 죄를 바루어, 가까운 곳에 도배(徒配)하였다. 금부가 성비희의 옥사에 품지하여 수렴하였다. 영부사 이경석이 의논드리기를, "비희가 시역을 한 것도 아니고 부모에게 욕을 한 일도 없다면, 강상죄를 범한 것으로 결정하는 것은 너무 무겁지 않겠습니까? 이것은 예율(禮律)에 있어서 그 죄가 마땅히 내보내야 한 데 해당합니다. 신의 생각으로는

〈성현공숙렬기(聖賢公淑烈記)〉의 주숙렬은 고부갈등으로 인한 고통과 남편과의 갈등으로 인해 병에 걸린 여인이다. 효자 임희린의 처 주숙렬은 시어머니 여부인과 남편 임희린과의 관계 속에서 시련을 겪다가 화병을 앓게 된다.

정리(情理)와 법률(法律)을 참작하여 중도를 얻도록 해서 너무 무겁거나 너무 가볍지 않게 해야 할 듯합니다." 하고 판부사 정치화가 의논드리기를, "죄인 비희가 평소 시부모에게 불순했을 뿐만 아니라 그 시어미가 화병이 나서 결국 죽게 되었다는 말이 그 남편인 유진의 공초에서 이미 나왔고 보면, 비록 삼성추국으로 다스릴 수는 없더라도, 또한 그 불순한 죄만을 논하고 말아서도 안 됩니다. 범한 죄와 정상을 참작하여 사형을 면제하고 정배하는 것이 합당할 듯합니다." 하였다.

　- 현종 9년 무신(1668) 10월 3일 '유진의 어머니가 며느리와 갈등 끝에 죽다.'

　이 사건은 고부간의 갈등이 화병(火病) 발생의 원인이 된 사례이다. 유진의 처 성비희와 시어머니의 갈등으로 시어머니가 화병이 나 죽고 만다. 일반적으로 고부갈등으로 인해 며느리가 화병에 걸린다고 생각하는데, 그러한 일반적인 상황에서 벗어나 있는 사례이다. 이 기록을 통해 '화병'을 둘러싸고 시어머니-남편-며느리의 관계가 얽혀 있다는 점, 화병으로 인해 죽음에 이를 수 있었음을 확인할 수 있다.

　현실이 이러했다면 동시대의 소설도 이러한 현실을 반영하였을 것이다. 고된 시집살이에 지친 며느리가 남편과의 관계까지 멀리하는 경우는 조선 후기 국문 장편소설에서도 쉽게 만날 수 있다. 〈성현공숙렬기(聖賢公淑烈記)〉의 주숙렬은 고부갈등으로 인한 고통과 남편과의 갈등으로 인해 병에 걸린 여인이다. 효자 임희린의 처 주숙렬은 시어머니 여부인과 남편 임희린과의 관계 속에서 시련을 겪는다. 그녀가 겪은 시집살이는 상상을 초월한다.

임희린은 아들이 없는 큰아버지 임한주의 아들로 입양된다. 입양될 당시의 어머니는 성부인이었으나 일찍 죽고, 얼마 지나지 않아 여씨가 계모로 등장한다. 여씨 부인은 자신이 낳은 아들 임세린을 임씨 집안의 계승자로 세우기 위해 양자인 임희린을 죽이려고 음모를 꾸민다. 그뿐만 아니라, 어머니로서의 권력을 이용하여 임희린과 주숙렬의 부부생활을 적극적으로 방해함으로써 부부관계가 멀어지도록 한다. 장자로 정해진 임희린에게 아들까지 생긴다면 큰일이었기 때문이다. 그래서 여씨 부인은 임희린과 주숙렬의 혼인 관계, 다시 말해 부부간의 잠자리를 제한한다. 소설 속에서 두 사람은 첫날밤에 잠자리를 함께하지 않는다. 표면적인 이유는 두 사람 모두 어려서라고 하지만, 사실은 시부모의 불화가 실제의 이유였다. 후처인 여씨 부인이 어질지 못한 점 때문에 임희린의 아버지인 임한주는 여씨 부인을 홀대하였고, 반대로 임희린은 부모의 불화에 큰 부담을 느끼고 여씨 부인이 요구하는 대로 행동한다.

하지만 갓 혼인한 임희린과 주숙렬 부부가 잠자리를 함께하지 않은 사실은 임씨 가족에게 큰 충격을 준다. 임희린의 할머니인 관부인은 이 같은 사실을 알고 아들들을 불러 야단을 치고, 결국 임한주는 아들 내외를 위해 술을 마시고 억지로 여씨 부인과 동침하여 아들인 임희린이 마음을 편하게 잠자리를 가질 수 있도록 돕는다. 임희린은 부모가 화락하는 것을 본 연후에야 주숙렬과 진정한 부부관계를 맺는다. 이 사건을 통해 단적으로 알 수 있는 것처럼 임희린의 지나치게 부모의 심기를 살피는 태도는 부부관계에 큰 영향을 미쳤으며, 그 이후에도 여러 사건이 벌어지면서 부부관계의 갈등은 심화되어 간다.

하지만 남편 임희린에 대해 아내인 주숙렬은 맞대응하지 않고 순종하거나 조심하는 모습을 보인다. 소설에서 첫날밤을 치르지 않는 남편에 대한 주숙렬의 마음은 드러나지 않으며, 이후에 묘사되는 주숙렬의 태도는 한결같이 남편을 공경할 뿐이다. 가부장제에서 벗어났다고 하는 현대 한국 사회에서도 부부는 시가나 처가와의 관계로 인해, 특히 설이나 추석 같은 공식적인 가족 명절에 대한 부담 때문에 갈등을 겪는 경우가 종종 있다. 하물며 가부장제를 강화하였던 조선 후기에는 그러한 원인에 의해 부부갈등이 생길 가능성은 더 높아졌을 것이며, 임희린과 주숙렬을 통해 이러한 당시의 갈등 상황을 이해할 수 있다.

〈성현공숙렬기〉에서 부부갈등은 주숙렬이 임씨 가문에 시집가면서 벌어지는 상황으로 처음에는 일반적인 시집살이 차원으로 보이지만, 시어머니 여씨 부인과 그 소생인 시동생 임유린이 작당하여 꾸민 황당한 사건으로 인해 주숙렬의 고난은 점점 심각한 상황으로 치닫는다. 그 결과 무조건 인내하던 주숙렬은 자신의 감정을 제어하기 어렵게 된다. 소설의 후반부에 주숙렬마저도 시어머니 여씨 부인의 엄명으로 남편인 임희린과 부부관계를 피하게 되고, 이로 인해 남편과 갈등을 겪기 시작한다. 급기야는 남편에게 첩인 반연화와 동침하라고 권하면서, 남편의 감정을 상하게 한다.

이 일까지는 가족 내에서 벌어지는 몰상식한 상황 정도로 치부할 수 있겠지만, 주숙렬이 여씨 부인과 시동생의 음모로 시고모를 독살했다는 누명을 쓰고 남편에 의해 친정으로 보내지면서 소설 속의 상황은 자못 심각해진다. 다행히도 주숙렬은 곧 누명을 벗고 시집으로 복귀하나 남편과의 관계는 쉽사리 나아지지 않는다. 게다가 그 이후에도 시모의 흉계로 인해 주숙렬은 다른 남성과 정을 통하려 했다는 누명을 쓰게 된다. 이 일이 임금에게 알려져 부정한 여인이라는 억울한 누명을 쓴 채 임희린과 이혼하고 유배되기까지 한다. 문제는 주숙렬이 이러한 상황에서도 자신의 감정을 바깥으로 표현하지 않는다는 점이다. 시어머니의 음모로 인해 위기에 처한 자신을 도와주지 않는 남편에 대한 원망 역시 겉으로 드러내지 않는다. 가족에게 오해받는 현실을 부정하지 않고 이혼과 유배를 받아들이며 감정을 안으로 삭인다.

주숙렬의 고통은 여기서 그치지 않는다. 시집살이에서 벗어나 차라리 자유로운 인생을 살았다면 행복했겠지만, 주숙렬은 유배지에서도 자객에 의해 죽을 뻔할 위기를 겪는다. 물론 자신의 지혜로 위기를 모면하지만 목숨을 위협하는 위험은 끊이지 않는다. 남편의 첩인 반연화가 보낸 자객, 시어머니인 여씨 부인이 보낸 자객 등으로 인해 끊임없이 위기에 빠진다. 이것이 오해를 낳아 급기야 남편 임희린에게는 죽은 것으로 알려지고, 이로 인해 임희린은 큰 실의에 빠진다. 이와 같이 주숙렬은 단순한 시집살이의 수준이 아니라 자신을 모함하고 죽이려 하는 시집 식구들의 횡포로 인해 몇 차례의 죽을 고비를 넘기고, 결국 몸과 마음이 모두 황폐해지게 된다.

물론 주숙렬이 겪은 이와 같은 고난이 상식적으로 벌어질 수 있는 상황은 아니다. 하지만 주숙렬 앞에 펼쳐지는 고난이 모두 혼인 관계로 인한 것임에 주목할 수 있다. 소설이라는 장르를 빌려오긴 했지만, 주숙렬이 겪는 고난은 한 여성의 시집살이의 강도가 얼마든지 비상식적일 수 있음을 보여주고 있다. 조선 사회에서 여성은 누구라도 혼인을 통해 시집살이를 겪어야 하지만, 일상적이라고 해서 쉬운 것은 아니다. 시집 식구들 중에서 며느리를 괴롭히는 사람이 있을 때, 특히 그 사람이 자신보다 가족 내의 서열이 높은 사람일 경우, 전통사회에서는 아무리 남편이라도 쉽게 아내의 입장을 대변하거나 도와주기 어려웠다. 남편은 내쫓기는 아내를 친정에 데려다주는 일 정도를 할 수 있을 뿐이었다.

결국 이 모든 것을 감내하는 사람은 며느리 자신이다. 〈성현공숙렬기〉에서 주숙렬은 이 모든 고통을 감내한다. 하지만 결국 그녀가 견딜 수 없게 된 것은 자신의 아들인 임창홍이 죽었다는 소식을 들은 순간이었다. 임창홍의 갑작스러운 죽음의 이유가 시어머니인 여씨 부인 때문일 것이라는 점을 짐작하면서도, 주숙렬은 이를 항의할 수도 없고 분노할 수도 없다. 가정의 질서를 중시하는 남편 임희린에게 호소할 수 없음을 이미 알고 있는 주숙렬은 결국 스스로 죽음을 택한다. 삼종지도의 마지막 희망이었던 아들이 죽었기 때문에 더 이상 자신의 삶을 지속할 이유가 사라지게 되었던 것이다.

문제는 그다음이다. 소설의 말미에서 여러 갈등이 해결되고 아들 임창홍의 죽음까지도 거짓이었다는 것을 알게 된 주숙렬은 남편에게 돌아가는 것을 포기한다. 이미 마음에서 삼종지도의 규범을 따르기를 포기했기 때문에 모든 누명을 벗고 시집으로 돌아가 가족 내에서 자신의 위치를 되찾을 상황이 되었어도 기쁘지 않았던 것이다. 바로 이 지점에서 임희린과의 부부갈등은 더욱 깊어질 수밖에 없었다. 결국 여성에게 다른 선택이 허용될 수 없으므로 주숙렬은 시집에 돌아가지만, 남편과의 갈등은 쉽사리 해소되지 않는다. 이러한 오랜 갈등과 억울함이 몸에 체화된 주숙렬은 시댁으로 복귀하자 병에 걸리고 만다.

여자 된 것이 어려워 숙렬 같은 사람됨과 쇠같이 단단한 정과 얼음같이 깨끗한 마음이지만, 남편을 만나자 어쩔 도리가 없으니, 갑자기 기운이 올라서 가슴속에 가득하던 옛 병이 발하여 붉은 피를 토하니 좌석에 홍건하고 얼굴빛이 푸른 물감 같아지면서 혼절하매 (중략) 오랜 근심으로 상한 체질이 마음을 쓰면 다시 병의 증세가 나타나 침상에 몸져눕더라. (〈성현공숙렬기〉 권19)

그런데 주숙렬의 질병은 남편과의 관계에서 새로운 국면을 맞게 되는 계기가 된다. 임희린은 아내의 증세가 자못 심각하다는 것과 그러한 병의 원인이 오랫동안 겪은 시집살이와 모함으로 인한 것임을 인정하고 아내의 병간호에 매진하게 된다. 주숙렬은 악한 시어머니와 효자인 남편 사이에서 외간 남자의 겁탈 위협과 아이를 잃을 뻔한 시련을 겪으면서도 시댁과 남편에 대한 도리를 다하여 왔다. 하지만 억울함으로 인해 자연스럽게 느꼈을 화를 바깥으로 발산하지 못하고 안으로 쌓기만 한데다, 남편과의 부담스러운 재결합을 참고 견디면서 '숙질(宿疾)'을 얻어 주변의 걱정을 산다.

겉으로는 온순하고 안으로는 마음을 써서 은근히 병세를 돋우니 평소에 성질이 부드럽고 행실이 곧고 깨끗하던 뜻은 어디 갔는가. 오늘 두 분 대인과 할머니가 매우 놀라서 나의 민첩하지 못함을 크게 꾸짖으시니 알지 못하겠구려. 그리고 토혈증(吐血症)은 나의 재주 없으나 힘을 다해 다스리고자 하나이다. 주숙렬이 얼굴빛을 정돈하고 대답하기를, 못난 사람이 원래 타고난 체질이 병약하고 허약하여 우연히 어른들 앞에서 피를 토하게 된 것입니다. 특별한 병의 증세를 알지 못하니 황공함을 이기지 못하겠습니다. (〈성현공숙렬기〉 권19)

주숙렬은 병에 걸린 것조차 자신을 탓하면서 안으로 삭이려고만 하지만 남편이 아내의 병세가 심각하다는 것을 알게 되고, 급기야 피를 토하는 모습까지 보자 지난 세월 그녀가 겪었을 고통을 가늠하게 된다. 무엇보다 지난 몇 년간 애를 태웠던 마음의 염려가 주숙렬의 골수에 파고들어 병이 되었음을 깨닫는다. 아내가 마음을 편안히 해야만 토혈(吐血)과 신음에서 벗어날 수 있게 된다는 것을 알게 되자 약을 쓰기보다는 주숙렬의 마음을 편안하게 하는데 힘쓴다. 그러면서 비로소 주숙렬과 임희린 두 사람은 진정한 부부가 된다.

부부관계의 뒤틀림과 화의 분출

—드라마 〈모래성〉

18세기 대표적인 풍속화가인 혜원(蕙園) 신윤복(申潤福, 1758~?)은 당시의 시대상을 담은 많은 그림을 남겼는데, 그중 하나가 〈무무도(巫舞圖)〉이다.

〈무무도〉는 18세기 한국 무속신앙의 한 단면을 파악할 수 있는 그림이다. 그림에 형상화된 조선 후기의 무속은 현재 서울에서 이루어지고 있는 굿의 모습과 크게 차이가 나지 않는다. 이 그림에서 명확하게 드러나는 정보는 무녀의 외적 특징이다. 무녀는 '홍철릭'이라 불리는 붉은색 도포에 갓을 쓰고 한 손에는 부채를 들었다. 이러한 외형은 현재 서울굿에서도 무녀들이 특정 굿거리를 연행할 때 갖추는 복색으로, 주로 '성주신'이라는 신을 모실 때 입는 무복(巫服)이다. 그러므로 〈무무도〉에 그려진 굿의 장면은 성주신을 모시는 굿의 한 장면이라 보는 것이 일반적이다. 그렇다면 왜 하필 성주신일까. 성주는 집을 지을 때 가장 중심이 되는 기둥이기 때문에, 한 집안의 가장과 동일시된다. '성주는 곧 대주(大主: 굿을 해 주는 집안의 가장)'라는 말은 여기서 나온 말이다.

그런데 〈무무도〉에서 이질적으로 느껴지는 것은 무녀 뒤에 차려진 굿상이다. 일반적으로 무속의 굿상은 매우 화려하여 떡, 과일, 고기 등을 가득 차려낸다. 이 그림에서 굿상이 매우 간소하게 차려져 있는 점과 함께 굿이 이루어지는 장소의 배경을 살펴보면, 한적한 곳에서 굿이 이루어지고 있음을 추측할 수 있다. 전통적으로 굿은 집에서 이루어졌고, 하물며 성주신을 모시는 굿은 그 집안의 가장이 잘 되기를 바라는 소망이 투영된 것이어서 집이 아닌 한적한 다른 곳에서 이루어지는 것은 상당히 수상하다. 게다가 서울굿은 음악적인 요소도 화려했기 때문에 삼현육각을 갖추고 굿을 하였다. 하지만 이 그림에서는 악사가 피리와 장구 단 두 명만 있어 전체적으로 굿이 상당히 축소되어 이루어지고 있다는 것을 짐작할 수 있다. 한적한 곳에서 숨어서 하는 성주굿. 왜 그래야만 했을까.

옛말에 "성주가 산란하면, 대주가 흔들린다."는 말이 있다. 성주신을 잘못 모시면, 가장에게 문제가 생긴다는 의미인데, 그렇다면 그 집안의 가장인 대주에게 문제가 생겼을 때는 성주신에게 빌어 이를 바로잡을 수 있다고 생각했다. 결국 〈무무도〉에 그려진 굿의 목적은 한 집안의 남편에게 문제가 생겨 이를 바로잡는 굿을 하는 것으로 볼 수 있는데, 이를 숨어서 할 이유는 무엇인가. 게다가 그림에서 굿에 참여한 사람들이 가족으로 보이는 네 명의 여성만이 앉아 있다. 이 굿은 남들에게 드러내지 않고 남편을 바로잡기 위한 것이었고, 그것이 여성의 소망과 강력하게 맞닿아 있다고 할 때, 이는 남편의 여성 문제를 바로잡기 위해 숨어서 했던 굿이 아닐까 짐작할 수 있다.

남성의 외도는 여성의 삶에 중요한 문제였으며 이를 바로 잡기 위해 여성이 할 수 있었던 것은 무속인에게 의지하는 정도일 수밖에 없었다. 〈무무도〉를 통해 조선 시대 여성에게 주어진 가혹한 삶의 굴레를 다시 한번 확인할 수 있다.

결혼이라는 굳은 약속과 의리를 저버린 행동은 씻을 수 없는 상처를 남긴다. 1988년 MBC에서 방영되었으며, 중년 여성의 심리적 갈등을 섬세하게 그려낸 김수현 작가의 드라마 〈모래성〉은 상류층 가정이 남편의 외도로 인해 모래성처럼 한순간에 무너지는 과정을 줄거리로 한다. 음대를 졸업한 후 법무법인 대표인 김진현과 결혼한 장현주는 전업주부로 20년 넘게 살면서 결혼 생활에 충실했다. 하지만 장현주는 남편이 회사 여직원이자 오랫동안 자신과 알고 지낸 후배였던 세희와 불륜관계라는 것을 알게 된 후 큰 충격에 빠진다. 남편과 후배의 불륜은 드라마 3회에서 밝혀지는데, 이를 알게 된 장현주는 그동안 자기 자신을 잊고 남편과 가족을 위해 살아 왔던 인생에 대한 회한과 남편과 상간녀로 인해 폭발하는 분노를 직접적인 행동으로 드러낸다.

첫 번째 행동은 물건을 부수는 것. 집안에 있던 수석을 던져 화장대 거울을 깬다. 전형적인 분노 행동이다.

두 번째 행동은 상간녀를 찾아가 사실관계를 확인하고, 말로써 자신의 감정을 상대방에게 쏟아낸다. 하지만 돌아오는 것은 자신들의 관계가 사랑이라는 주장이다. "우린 서로 사랑해요" 뻔뻔하게도 사랑을 입에 담는 상간녀의 말을 듣고 따귀를 때리지만, 곁에 있던 남편은 오히려 장현주를 말린다. 장현주는 자신을 말리는 남편에게 묻고 싶다. 도대체 결혼이라는 약속은 어떤 의미가 있는가.

세 번째 행동은 이혼을 요구하는 것이다. 하지만 남편은 가정을 지키기를 원하며 이혼에 동의하지 않는다. 장현주에게는 잠을 이룰 수 없는 밤이 계속되고 가슴속의 화는 깊어진다.

어느 날 밤, 장현주는 거울에 비친 늙고 주름진 자신의 모습이 서글퍼 크림을 덕지덕지 바르다가 비참한 감정을 느껴 울컥 눈물이 솟는다. 더 이상 분노를 참을 수 없어진 장현주는 침실에서 자고 있던 남편에게 분노가 가득 담긴 말들을 쏟아낸다.

그래, 난 이렇게 너한테 다 주고 늙어 가는데, 넌... 넌? 넌 나가면 충분한 보수, 인정받는 실력, 몰두할 수 있는 일, 그리고 집에 들어오면 건강한 자식, 수족처럼 시중 잘 들어주는 아내, 그리고 그것도 부족해 정부까지 가졌는데…. 난, 난, 내가 가진 게 뭐야? 난 가진 게 뭐냐고…. 결혼하면 지 여자기만 하면 된다고, 딴 남자 눈길 받는 거 싫다고 더듬이도 날개도 잘라 가둬놓고 20년. 화대 안 주는 잠자리 상대, 월급 안 주는 가정부, 게다가 유모. 그렇게 샅샅이 알뜰하게 뜯어먹고 써 먹더니 이제 와서 뭐? 난 이제 뭘 붙들고 살아야 돼. 김진현 말해봐! 우리가 처음 만났을 때부터 내가 이렇게 늙고 초라했었니? 나도 스무 살도 있었고 서른 살도 있었어. 당신은 스무 살적 그대론 줄 알아? 나 늙었으면 당신도 늙었어. 나만 늙었어? 난 이제 뭘 붙잡고 살아야 돼. 난 그렇게 성실했는데…. 내 성실은 하늘도 부정할 수 없어. 도저히 용서할 수가 없어. 죽어서 다시 태어나서라도 반드시 갚아줄 거야. 나도 좋은 사람 생기면 당신 몰래 연애할 거야.

이런 아내의 분노 앞에 남편도 자신의 행동을 후회하지만 한번 저지른 일을 돌이킬 수 없다. 남편은 어떻게든 가정을 유지하려 하지만, 남편을 향한 장현주의 분노는 사라지지 않으며 이

관계는 복원될 수 없다. 결국 장현주는 이혼을 요구한다. 자기 분노의 원인이 되는 남편과의 관계를 정리하고, 온전히 자기 자신으로 살아가기 위한 장현주의 선택은 자기 치유를 위한 첫 걸음이다. 다행히 이러한 시도는 성공적이었고, 드라마의 마지막 회에서 장현주는 때때로 걸려오는 전 남편의 전화를 조금은 귀찮아하며, 온전한 자신만의 일상을 즐기며 살아간다.

전통적으로 한국 여성이 시댁의 학대나 남편의 외도에도 순종하며 인고의 삶을 살아나가다가 노년에 이르러서야 본처로서의 위상을 인정받는 방식으로 이상적 여성상을 그려냈던 방식에서 벗어나, 〈모래성〉에서는 분노를 바깥으로 분출하는 여성을 전면에 내세우면서 혼인 관계가 종료된 후 인생을 여성 스스로 선택하게 하였다는 데서 고무적이다.

장현주는 남편의 외도로 인해 격한 분노의 감정을 갖게 되고, 한때는 자신의 인생을 송두리째 부정하기에 이른다. 장현주의 분노는 즉각적으로 외부로 발산되어 주변 사람은 물론이고 자신의 몸과 마음을 괴롭힌다. 하지만 그녀가 극한으로 치닫지 않고 분노를 극복할 수 있었던 것은 현실적인 상황을 받아들였던 데 있다. 자신의 화(火)의 원인을 직시하기 위해, 인생에서 정말 문제가 되는 것이 무엇이었는지 스스로 되짚어 가는 과정을 온전히 겪어냈기 때문이다. 결국 장현주는 자신에게 가장 필요한 것은 누구의 아내, 누구의 엄마라는 자리가 아니라 온전한 자기 자신을 찾는 것이라는 점을 자각했고, 그러한 판단에 이르자 문제 해결을 위해 선택하였다. 가슴속에서 화가 일어났던 초기에는 화를 바깥으로 분출하는데 급급했지만, 극적으로 자신을 돌아보는 시간을 가졌기 때문에 자신에게 필요한 해답을 찾을 수 있었던 것이다. 여성이라고 해서 무조건 가족을 위해 분노를 누르고 인내하는 것이 도리가 아니라, 한 인간으로서 자신의 삶에서 중요한 것을 스스로 찾고 선택할 수 있어야 한다. 그 과정에서 분노를 바깥으로 표출하여 주변 사람들을 힘들게 하고, 여러 갈등을 겪게 된다고 하여도 그것이 필요한 과정이라면 겪어내야 할 것이다. 여성의 도리 이전에, 인간의 도리를 생각해야 한다.

화병 관련 어휘/표현 모음

(표제항 총 245개/명사 112개, 명사구 22개, 동사 34개,
형용사 9개, 동사구 63개, 형용사구 2개, 속담 3개)

[일러두기]

1. 각 단어의 배열은 가나다순에 따르며, 각 단어의 미시 정보는 "표제어(어원) [발음] 「품사」《전문분야》 뜻풀이. 관련어휘. ¶용례.[출처:]"의 순서로 배열한다.
2. 표제어 뒤의 (어원)란에는 한자어 및 외래어의 출처를 밝힌다.
3. (어원란) 뒤의 [발음]란에는 해당 표제어의 표준 발음을 밝힌다. 표준 발음은 표제어의 표기와 일대일 대응이 되는 경우에도 모두 밝히는 것을 원칙으로 한다. 단, 단어가 아닌 구나 속담 능의 표세어의 성부는 발음을 보이시 않는다.
4. [발음]란 뒤에는 「품사」란을 두어 각각 명사, 동사, 형용사 등의 단어 범주와 명사구, 동사, 형용사구, 속담 등의 구 이상의 범주를 표시할 수 있다.
5. 《전문분야》에는 《의학》, 《한의》, 《심리》, 《역사》 등 단어의 전문 분야 요건에 알맞은 것을 택하여 밝힌다.
6. 뜻풀이가 두 개 이상인 경우, '화병'과 관련한 뜻풀이에 굵은 글씨로 표시하여 구별하여 보인다. 구적 표현이나 속담 등에서는, 경우에 따라 두 개 이상의 뜻풀이가 있더라도 '화병'과 관련한 뜻만 제시할 수도 있다.
7. 뜻풀이의 뒤에는 '동의어(=), 유의어(≒)' 등 관련 어휘를 해당 기호와 함께 포함할 수 있다.
8. 실제 쓰임이 확인되는 경우는 용례 표시 '¶'의 뒤에 용례를 제시하되 최대한 세 개까지만 제시한다.
9. 뜻풀이나 용례는 인용한 문헌이 분명한 경우, [출처:] 표시와 함께 제시하되 용법에 맞게 수정하여 제시한다. 인용한 문헌이 분명하지 않거나 새로 만들어서 제시한 용례의 경우는 출처 표시를 생략할 수 있다.
10. 용례에 제시된 사례와 구 표제어로 선택된 경우의 사례가 중복될 수 있다.

【ㄱ】

가슴쓰림 [가슴쓰림]「명사」《의학》명치 부위가 화끈하고 쓰린 증상. 흔
    히 위의 신물이 식도로 역류할 때 생기며 신물이 입안으로 올
    라올 때도 있다. =가슴앓잇-병.

가슴아피 [가스마피]「명사」'가슴앓이'의 방언(전북). 최명희의《혼불》에
    서 사용된 말.

가슴아피-허다 [가스마피허다]「동사」'가슴앓이하다'의 방언(전북). 최명
    희의《혼불》에서 사용된 말.

가슴앓이 [가스마리]「명사」「1」안타까워 마음속으로만 애달파하는 일.
    ¶여행에서 만난 소녀가 보고 싶어 혼자서 가슴앓이를 하고 있
    다.「2」《의학》명치 부위가 화끈하고 쓰린 증상. 흔히 위의 신
    물이 식도로 역류할 때 생기며 신물이 입안으로 올라올 때도
    있다. =가슴쓰림.

가슴앓이-하다 [가스마리하다]「동사」안타까워서 마음속으로만 애달파
    하다. ¶혼자 가슴앓이하다 / 아무한테도 말 못 하고 가슴앓이하
    는 내 심정을 누가 알까.

가슴앓잇-병(----病) [가스마리뼝/가스마릳뼝]「명사」《의학》명치 부위가
    화끈하고 쓰린 증상. 흔히 위의 신물이 식도로 역류할 때 생기
    며 신물이 입안으로 올라올 때도 있다. =가슴쓰림.

가슴을 치다「동사구」마음이 답답하여 가슴을 때리는 것처럼 아프게

되다. ¶할머니의 지난 60년의 지난한 사연은 듣는 내내 내 가슴을 치는 것이었다.

가슴이 갑갑하다 「형용사구」 (마음이 괴로워서) 가슴이 꽉 묶인 듯이 불편하다. ¶바다 풍경 중독인지, 또 다시 바다가 보고 싶어져서 가슴이 갑갑하다 / 무슨 일이 있는 것도 아닌데 요즈음 가만히 하늘을 보고 있으면 눈물이 나고 가슴이 갑갑한 느낌이 든다.

가슴이 답답하다 「형용사구」 (마음이 괴로워서) 가슴이 꽉 막힌 듯이 불편하다. ¶그녀와 할 말을 못다 하고 헤어져서 가슴이 답답하다.

가슴이 찢어지다 「동사구」 (마음이 괴로워서) 심장이 찢어지는 것처럼 아프게 되다. ¶어처구니없는 실수로 면접시험에 떨어지고 나니 너무 억울하고 힘들고 막 가슴이 찢어질 것 같다.

가슴이 타다 「동사구」 마음속으로 고민하여 가슴이 불에 타는 것처럼 괴로워지다. ¶이루지 못한 첫사랑의 기억만 떠올리면 이 나이가 되어서도 어제의 일처럼 가슴이 탄다.

간담지화(肝膽之火) [간:담지화] 「명사」《한의》 간이나 쓸개의 기운이 지나치게 왕성하여 열이 생기는 일 또는 그러한 열. 간화(肝火)와 담화(痰火)를 아울러 이르는 말이다. ¶실증(實症)의 '이명(耳鳴)'이란 분노와 감정 등으로 간이 손상되어 간담지화(肝胆之火)가 위로 치솟아 생기는 귀울림증을 말하며, 일반적으로 매미 우는 소리, 북 두드리는 소리 또는 종소리, 물결치는 소리 등이 들리게 된다.

간화(肝火) [간:화] 「명사」《한의》 간기(肝氣)가 지나치게 왕성하여 생기는 열. 머리가 아프고 어지러우며 얼굴과 눈이 붉어지고 입이 쓰며 마음이 조급해지고 쉽게 노한다.

감정 노동(感情勞動)「명사구」《심리》인간의 감정까지 상품화하는 현대사회의 단면을 가리키는 말로, 실제 자신이 느끼는 감정과는 무관하게 직무를 행해야 하는 감정적 노동을 가리키는 말. 앨리 러셀 혹실드 캘리포니아 주립대 사회학과 교수가 1983년 〈감정노동(The Managed Heart)〉이라는 저서를 통해 처음 언급한 개념으로, 배우가 연기를 하듯이 직업상 속내를 감춘 채 다른 얼굴 표정과 몸짓으로 손님을 대하는 직종으로, 보통 감정관리 활동이 직무의 40% 이상을 차지하는 경우를 일컫는다. [출처: 〈시사상식사전, pmg 지식엔진연구소]

감정 노동 종사자(感情勞動從事者)「명사구」《심리》실제 자신이 느끼는 감정과는 무관하게 직무를 행해야 하는 감정적 노동 직종 종사자. 은행원·승무원·전화상담원처럼 직접 고객을 응대하면서 자신의 감정은 드러내지 않고 서비스해야 하는 직업 종사자들이 해당된다.

객화(客火) [개퐈] 「명사」《한의》병중(病中)에 생기는, 속이 답답한 증세.

골 [골] 「명사」 비위에 거슬리거나 언짢은 일을 당하여 벌컥 내는 화. ¶골을 내다 / 골을 부리다 / 그녀는 골이 잔뜩 나 있었다.

골을 내다 「동사구」 마음에 언짢아 부아를 내다. ¶아이가 골을 내고 있는 모습이 귀엽다.

골을 부리다 「동사구」 마음이 언짢아 화 날 때 하는 행위를 하다.

골을 올리다 「동사구」 마음에 화가 치밀어 오르게 만들다. ¶공연한 말을 해서 골을 올리다 / 결국에 이런 꼴을 보는 것도 분한데 골을 올려 주니 눈에 불이 나는 것이다.《염상섭, 삼대》[출처: 표준국어대사전]

골이 나다 「동사구」 마음에 언짢아 부아가 나다.

골이 상투 끝까지 나다 「동사구」 매우 화가 나다. ¶아버지는 이웃 사람
들의 행동에 골이 상투 끝까지 났다

골이 오르다 「동사구」 화가 치밀어 오르다. ¶이야기를 듣다가 잔뜩 골
이 오른 표정으로 말했다.

골이 틀리다 「동사구」 마음에 언짢아 부아가 나다. ¶무엇에 골이 틀린
모양인지 모르겠다.

골풀이 [골푸리] 「명사」 화가 나는 것을 참지 못하고 아무에게나 함부로
풀어 버리는 일. ¶철석같이 약속을 하고도 안 지켰으니 아내가
저토록 골풀이를 할 만도 하다.

골풀이-하다 [골푸리하다] 「동사」 화가 나는 것을 참지 못하고 아무에게
나 함부로 풀어 버리다.

구조건순(口燥乾脣) [구조건순] 「명사」《한의》 몸에서 나는 화(火)로 인하
여 입이 건조해지고 입술이 마르는 일.

구조건순-하다(口燥乾脣--) [구조건순하다] 「동사」《한의》(몸에서 나는 화로
인하여) 입이 건조해지고 입술이 마르다.

기울(氣鬱) [기울] 「명사」《한의》「1」 울증(鬱症)의 하나. 칠정내상(七情內
傷)으로 간기(肝氣)가 울결(鬱結)되어 생긴다. 기분이 우울하고
머리가 아프며, 가슴이 답답하면서 옆구리가 아프고, 식욕이 없
으며 배가 불러 오고 아프며, 구토와 트림이 나고, 입이 마르며
혀에는 기름때 같은 설태가 엷게 낀다. 간기를 잘 통하게 하는
방법으로 목향조기산(木香調氣散)이나 소요산(逍遙散)에 향부자,
울금, 진피, 선복화 등을 더 넣어 쓴다. 늑울기(鬱氣) 「2」 '기체
(氣滯)'와 같은 뜻으로 쓰인다. [출처: 동의학사전]

기울 심통(氣鬱心痛) 「명사구」《한의》 심통(心痛)의 하나. 기(氣)가 몰려서 생긴다. 명치 밑이 불러 오르면서 찌르는 것처럼 아프다. 기를 잘 돌게 하면서 통증을 멈추는 방법으로 침향강기환(沈香降氣丸)이나 정기천향산(正氣天香散) 등을 쓴다. [출처: 동의학사전]

기울 완통(氣鬱脘痛) 「명사구」《한의》 위완통(胃脘痛)의 하나. 칠정(七情)으로 간기(肝氣)가 울결(鬱結)된 것이 위(胃)에 영향을 주어서 생긴다. 위완(胃脘) 부위가 불러 오르면서 아픈데 그 통증이 양옆 구리까지 뻗치며 아픈 부위를 누르면 통증이 덜해지고 시큼한 트림을 자주 한다. 간기를 통하게 하면서 비위의 기능을 도와주는 방법으로 시호소간탕(柴胡疏肝湯)이나 침향강기산(沈香降氣散)에 현호색을 더 넣어 쓴다. ≒간위기통(肝胃氣痛). [출처: 동의학사전]

기울 토혈(氣鬱吐血) 「명사구」《한의》 토혈(吐血)의 하나. 칠정(七情)으로 기(氣)가 몰려서 생긴다. 기를 잘 돌아가게 하고 출혈을 멈추는 방법으로 향부산(香附散)을 쓴다. [출처: 동의학사전]

기울 현훈(氣鬱眩暈) 「명사구」《한의》 현훈(眩暈)의 하나. 칠정(七情)으로 기(氣)가 몰려서 된 담(痰)에 의하여 생긴다. 어지러우면서 정신이 우울하고 가슴이 두근거리며 때때로 얼굴이 달아오르면서 앞머리가 아프다. 정신을 안정시키면서 담(痰)을 삭이는 방법으로 옥액탕(玉液湯; 반하, 생강)을 쓴다. ≒기훈(氣暈). [출처: 동의학사전]

기울 혈붕(氣鬱血崩) 「명사구」《한의》 붕루(崩漏)의 하나. 간기(肝氣)가 울체되어 충임경혈(衝任經血)을 문란시킨 결과 생긴다. 성기출혈과 함께 우울해하거나 성을 잘 내는 것 등의 정서 장애와 가슴이 답답한 감, 유방이 불어나는 감 등이 있을 수 있다. 소간 해울(疏肝解鬱), 지혈(止血)하는 방법으로 소요산(逍遙散), 개울 조경탕(開鬱調經湯) 등을 쓴다. [출처: 동의학사전]

기울 협통(氣鬱脇痛)「명사구」《한의》협통(脇痛)의 하나. 간기(肝氣)가 몰려서 생긴 협통을 말한다. 간울 협통(肝鬱脇痛)과 같은 뜻으로 쓰인다. [출처: 동의학사전]

기체(氣滯) [기체]「명사」《한의》「1」체내의 기(氣) 운행이 순조롭지 못하여 어느 한 곳에 정체되어 막히는 병리 현상. 또는 그로 인하여 나타나는 증상. 배가 더부룩하거나 통증이 있다. ≒기통.「2」마음이 편하지 아니하여 생기는 체증. =기울(氣鬱)「2」. [출처: 표준국어대사전]

기훈(氣暈) [기훈]「명사」《한의》≒기울 현훈(氣鬱眩暈).

【ㄴ】

내울열(內鬱熱) [내울렬]「명사」《한의》몸속에서 열(熱)이 얽히고 뭉치는 일.

노여움 [노:여움]「명사」분하고 섭섭하여 화가 치미는 감정. ≒노염. ¶노여움을 풀다 / 그의 얼굴은 노여움으로 가득 찼다. / 차근차근 따지려 들수록 따져지기는커녕 왈칵 덮어놓고 노여움부터 치솟는다.≪이호철, 파열구≫[출처: 표준국어대사전]

노염 [노:염]「명사」'노여움'의 준말. ¶아아, 그런 실없는 소리에 노염 탈것 없네 / 영감의 입에는 웃음이 어리었으나 보기에도 무서운 깔딱 젖혀진 두 눈은 노염과 의혹의 빛에 잠겼다.≪염상섭, 삼대≫[출처: 표준국어대사전]

노이로제(독.Neurose) [노이로제] 「명사」《의학》 '신경증(神經症)'의 전 용
　　어. ¶노이로제에 걸리다.

【ㄷ】

담화(痰火) [담ː화] 「명사」 담(痰)에 생긴 이상으로 인하여 생기는 열.

담화(痰火)하다 [담ː화하다] 「동사」 (사람이나 동물이) 담(痰)에 생긴 이상으
　　로 인하여 열이 생기다.

두 주먹을 (부르르) 떨다 「동사구」 (주먹을 꽉 쥐어) 두 주먹이 (부르르) 떨릴
　　정도로 화가 나다.

등에 불이 나다 「동사구」 몸에 열이 나서 등줄기에 뜨거운 기운이 날 정
　　도로 화가 나다.

【ㅁ】

머리를 싸매다 「동사구」 있는 힘을 다하여 노력하다. ¶나는 머리를 싸
　　매고 시험 준비를 했다.

멜랑콜리(melancholy) [멜랑콜리] 「명사」《심리》 슬프고 우울한 기본. 흔
　　히 우울 또는 비관주의에 해당하는 인간의 기본적인 감정을 말
　　한다. 그리스어로는 멜랑콜리아(melancholia)라고 하며 고대 그
　　리스어 멜라이나(melaina, 검은색) 또는 멜랑(melan, 검다)과 콜레
　　(cholē, 담즙)의 합성어이다. 그리스 시대에는 체액 중에서 검은
　　쓸개즙 즉, 흑담즙(黑膽汁)이 과잉해지는 병적 상태를 이르던 말
　　로 '흑담즙적(멜랑콜리코스)'이라는 수식어로 주로 사용되었다.
　　근대를 거치면서 '삶의 궁극적 의미에 대한 회의'에서부터 비
　　롯된 염세적 감정을 가리키는 말로 사용되었고 이후 정신 의학

분야에서 주로 다루어졌다. ¶로댕의 '생각하는 사람'처럼 턱에
손을 괴고 앉은 자세는 서양에서 전통적으로 '멜랑꼴리'의 상태
를 상징해 왔던 자세이다.

멜랑콜리-하다(melancholy--) [멜랑콜리하다]「형용사」「1」(기분이나 마음
이) 슬프고 우울하다. ¶그는 이 영화를 통해 우리 사회에 "차
갑고 쓸쓸하면서도 멜랑꼴리한 느낌을 주고 싶었다고 말했
다.「2」(뭐라고 딱히 말할 수 없을만큼 묘하게) 기분이 언짢다.
¶이 음식에서는 뭔가 멜랑콜리한 냄새가 난다.

몸을 (부르르) 떨다「동사구」「1」추위에 몸을 떨다.「2」무섭고 두려워서
몸을 떨다.「3」{비유적으로} 온몸이 떨릴 정도로 화가 나다.

문화결합 증후군(文化結合症候群/culture-bound syndrome)「명사구」《심
리》생물학적 원인의 증거가 없는 증상들의 모임으로 특정한
문화권에서만 해당 문화적 특성과 결합하여 발생하는 병(病)을
가리키는 말.

【ㅂ】

번울(煩鬱) [버눌]「명사」《한의》열감(熱疳)으로 인하여 가슴속이 답답하
고 갑갑한 증상. ≒번울증(煩鬱症).

번울증(煩鬱症) [버눌쯩]「명사」《한의》열감(熱疳)으로 인하여 가슴속이
답답하고 갑갑한 증상. =번울(煩鬱).

번울-하다(煩鬱--) [버눌하다]「형용사」가슴속이 답답하고 갑갑하다. ¶형
은 친구가 교통사고로 급사했다는 말을 듣고 번울한 모양이었
다.

보골 [보골]「명사」'부아'의 경남방언.

부아 [부애] 「명사」 「1」 노엽거나 분한 마음. ¶부아가 나다 / 부아를 내다 / 부아를 돋우다. 「2」《의학》 가슴 안의 양쪽에 있는, 원뿔을 반 자른 것과 비슷한 모양의 호흡을 하는 기관. =허파. [부하< 부화< 훈몽자회 >]

부아가 끓다 「동사구」 허파가 뜨거운 물에 끓는 것처럼 열이 나다.

부아가 나다 「동사구」 기분이 언짢아서 부아[폐/허파]에 열이 나다. ¶재수를 하고 있는 내 앞에서 학교 자랑을 하는 친구를 보니 은근히 부아가 났다.

부아가 돋다 「동사구」 기분이 언짢아서 부아[폐/허파]에 열이 오르다. ¶애가 어찌나 깐죽거리는지 골이 나도록 부아가 돋아서 죽는 줄 알았다.

부아가 치밀다 「동사구」 기분이 언짢아서 부아[폐/허파]에서 화가 치밀다. ¶불현듯 부아가 치밀 때가 있다 / 생전 아무 일도 하지 않고 집안에서 뒹구는 아들 녀석을 생각하면 가슴속에서 부아가 치민다.

부아를 내다 「동사구」 기분이 언짢아서 부아[폐/허파]에서 열을 내다. ¶할아버지는 예의 없는 녀석들을 생각하며 한참을 부아를 내시다가 편의점에서 막걸리를 한 통 사서 집으로 들어가셨다.

부아를 돋우다 「동사구」 기분이 언짢아서 부아[폐/허파]에서 열이 돋게 하다. ¶심술을 부려 남의 부아를 돋우다.

부아통 [부아통] 「명사」 '부아'를 속되게 이르는 말. ¶부아통이 터지다 / 부아통을 삭이다 / 부아통이 치밀다.

부아통을 삭이다 「동사구」 {속된 용법으로} 기분이 언짢아서 부아[폐/허파]에서 생긴 화를 가라앉히다. ¶학생들의 무례한 발언에 어르

신은 부아통을 삭이며 앉아서 숨을 고르고 계셨다.

부아통이 나다 「동사구」 (속된 용법으로) 기분이 언짢아서 부아[폐/허파]에서 화가 치밀다. ¶그 친구 하는 짓을 보면 부아통이 나서 참을 수가 없어요.

부아통이 치밀다 「동사구」 (속된 용법으로) 기분이 언짢아서 부아[폐/허파]에서 화가 치밀다. ¶그들이 하는 짓을 보고 있자니 속에서 부아통이 치민다.

부아통이 터지다 「동사구」 (속된 용법으로) 기분이 언짢아서 부아[폐/허파]에서 화가 터져 나오다. ¶하룻밤도 아니고 이틀이나 지체가 되어 부아통이 터지고 걱정이 되었는데 그러면서도 삼수는 한편 자유스러운 즐거움을 느껴 보는 것이었다.≪박경리, 토지≫
[출처: 표준국어대사전]

부앗가심 [부아까심/부앋까심] 「명사」 노엽고 분한 마음을 없애는 일. ¶그녀는 이미 신명에 들떠 무슨 못할 소리를 해도 마냥 번장댈 눈치였으므로 장은 속절없이 군소리만 씨불거려 부앗가심이나 도모할 수밖에 없었다.≪이문구, 우리 동네≫[출처: 표준국어대사전]

부앗김 [부아낌/부앋낌] 「명사」 (주로 '부앗김에'의 꼴로 쓰여) 노엽고 분한 마음이 일어나는 때. ¶그는 부앗김에 담배만 피운다 / 그는 부앗김에 소리를 질렀다.

분(憤/忿) [분:] 「명사」 억울하고 원통한 마음. 늑분심. ¶나는 분을 참지 못해서 그만 꽥 하고 소리를 질렀다.

분노(忿怒) [분:노] 「명사」 분개하여 몹시 성을 냄. 또는 그렇게 내는 성. 늑분에. ¶분노가 솟구치다 / 분노가 폭발하다 / 분노가 가라앉다.

분노증후군(忿怒症候群) [분:노증후군] 「명사」《심리》'울화병'을 달리 이르는 말. 'anger syndrome'의 번역어이다. ¶화병은 우리나라 주부들에게서 많이 나타나며 한국 문화 특유의 분노증후군으로 스트레스가 중요한 원인이다.《문화일보 2003년 6월》/ 아내는 화를 참는 걸 반복하다 스트레스 장애인 분노증후군에 걸렸다.《헤럴드생생뉴스 2010년 1월》

분노-하다(忿怒--) [분:노하다] 「동사」 분개하여 몹시 성을 내다. ≒분에하다. ¶농민들은 가혹한 강제공출에 분노했다 / 나는 그가 나를 속였다는 사실에 분노했다.

분사(憤死) [분:사] 「명사」 분(憤)에 못 이겨 죽음.

분사-하다(憤死--) [분:사하다] 「동사」 분(憤)에 못 이겨 죽다. ¶시부께서 을사조약 때 분사하시고 가군마저 멀리 만주 땅으로 망명하자 좋던 집안은 하루 만에 결딴나고 말았습니다.《이문열, 황제를 위하여》 [출처: 표준국어대사전]

분심(憤心/忿心) [분:] 「명사」 ≒분(憤/忿).

분애(忿애) [분:애] 「명사」 ≒분노(憤怒/忿怒).

분울(憤鬱) [부눌] 「명사」 '분울하다'의 어근.

분울-하다(憤鬱--) [부눌하다] 「형용사」 분한 마음이 일어나 답답하다. ¶의탁할 곳 없는 노동자들이 분울함을 이기지 못하여 장차 경찰서와 헌병대에 호소할 터이라더라.《대한매일신보》[출처: 표준국어대사전]

분통(憤痛) [분:통] 「명사」 몹시 분하여 마음이 쓰리고 아픔. 또는 그런 마음. ¶분통이 터지다 / 분통을 삭이다 / 분통을 터뜨리다.

분통(憤痛)을 사다 「동사구」 몹시 분하여 쓰리고 아픈 마음을 일으키다.

¶아파트 분양업자들의 사기행각은 결국 수많은 주민들의 분통을 샀다.

분통(憤痛)을 삭이다「동사구」몹시 분하여 마음이 쓰리고 아픔을 가라앉히다. ¶조용히 분통을 삭이고 앉아서 왜 이런 일이 발생했는지를 처음부터 되돌아보았다.

분통(憤痛)을 터뜨리다/터트리다「동사구」몹시 분하여 마음이 쓰리고 아픔을 한꺼번에 드러내다. ¶주민들은 정부의 무책임한 정책 발표에 분통을 터트렸다.

분통(憤痛)이 터지다「동사구」몹시 분하여 마음이 쓰리고 아픔이 한꺼번에 드러나다. ¶첨단시설이 어우러진 아파트라 생각해 믿고 입주만 기다린 결과가 하자투성이라니 분통이 터진다.

분풀이(憤--) [분:푸리]「명사」분하고 원통한 마음을 풀어 버리는 일. ¶형은 엄마한테 야단맞고 분풀이로 애먼 동생을 때렸다 / 박주사는 팔기더러 마치 분풀이라도 할 듯 버럭 고함을 처질렀다.≪김춘복, 쌈짓골≫[출처: 표준국어대사전]

분풀이-하다 (憤----) [분:푸리하다]「동사」분하고 원통한 마음을 풀어 버리다. ¶한온이가 꺽정이에게 분풀이해 주마는 허락을 받고….≪홍명희, 임꺽정≫ / 모두 피난해 버려 분풀이할 상대가 없자 엉뚱하게 집을 불사르고 가재도구를 부순 모양이었다.≪이문열, 황제를 위하여≫[출처: 표준국어대사전]

분-하다(憤/忿--) [분:하다]「형용사」「1」억울한 일을 당하여 화나고 원통하다. ¶분을 삭이다 / 분을 참다 / 분이 삭다 / 그는 믿었던 사람에게 배신당한 것이 무엇보다 분했다 / 빚은 빚대로 짊어지고, 열 마리나 되는 닭만 고스란히 날려 보낸 셈이라 아깝고 분하

기만 하다.≪김춘복, 쌈짓골≫「2」될 듯한 일이 되지 않아 섭
섭하고 아깝다. ¶경기에 진 것이 못내 분하다 / 이번에 벌인 일
은 내가 맡아야 하는 건데 분하다. [출처: 표준국어대사전]

불울(怫鬱) [부룰]「명사」불평이나 불만으로 화가 치밀고 속이 답답함.

불울-하다(怫鬱--) [부룰하다]「형용사」불평이나 불만으로 화가 치밀고
속이 답답하다.

불이 나다「동사구」「1」뜻밖에 몹시 화가 나는 일을 당하여 감정이 격
렬해지다. ≒불이 일다. ¶낮에 널 보고 있자면 난 가슴에 불이
난다.≪한수산, 부초≫ / 술에 취한 젊은 애들이 몇 달을 두고
다니다가 결국에 이런 꼴을 보는 것도 분한데 골을 올려 주니
눈에 불이 나는 것이다.≪염상섭, 삼대≫「2」몹시 긴장하거나
머리를 얻어맞거나 하여 눈에 불이 이는 듯하다. ¶그는 눈에 불
이 나도록 사내의 뒤통수를 후려쳤다. [출처: 표준국어대사전]

불이 일다「동사구」「1」뜻밖에 몹시 화가 나는 일을 당하여 감정이 격
렬해지다. ≒불이 나다. ¶병사들은 그 처참한 광경을 보자 눈
에 불이 일었다 / 그는 모욕적인 말을 듣고 가슴에 불이 일었다.
「2」「북한어」매우 기운차고 빠르게 일이 진행되다. ¶리도윤이
가 책임진 제관 현장은 도면이 나오는 대로 작업에 불이 일고
있었다. ≪용광로는 숨쉰다, 선대≫[출처: 우리말샘]

【ㅅ】

사화(瀉火) [사화]「명사」치료법의 하나. 성질이 찬 약으로 열이 심하여
생긴 화(火)를 말끔히 없앰. 예를 들면 간화(肝火)가 성하여 머리
가 아프고 어지러우며 얼굴과 눈이 붉어지고 입맛이 쓰며 성질

이 조급해지고 혀의 끝과 가장자리가 붉어지고 맥박 상태가 현
삭(弦數)하며 심하면 정신을 잃거나 발광하며 피를 토하는 증상
이 나타날 때에 간화를 없애는 방법으로 사청환(瀉靑丸)이나 용
담사간탕(龍膽瀉肝湯)을 쓰는 것 등이다. ¶황련은 사화(瀉火) 작
용이 있어 일체의 열로 인한 질환에 탁월한 치료반응을 보이는
데, 여름에 유행하는 이질과 설사 등에도 이질균을 억제해 설사
를 그치게 한다. [출처: 한의학대사전, 2001, 한의학대사전 편찬위원회]

사화-하다(瀉火--) [사화하다] 「동사」 성질이 찬 약으로 열이 심하여 생긴
화(火)를 말끔히 없애다.

생가슴 [생가슴] 「명사」 공연한 근심이나 걱정으로 인하여 상하는 마음.
¶그는 생가슴을 태웠다 / 못 들고 망치 들고 어미의 생가슴에
피멍으로 박고 가는 천하에 못된 자식…. ≪최명희, 혼불≫[출처:
표준국어대사전]

생가슴을 앓다 「동사구」 (사람이) 공연한 일로 속을 태우며 참다. ¶항상
고향이 그립지만 먹고 사는 일이 바쁘다 보니 고향이 그리워도
생가슴만 앓다가 모처럼 명절을 맞아 부모님을 뵈러 고향에 내
려왔습니다.

생가슴을 태우다 「동사구」 공연한 근심이나 걱정으로 인하여 가슴을 태
우는 것처럼 심하게 마음이 상하다.

성 [성] 「명사」 노엽거나 언짢게 여겨 일어나는 불쾌한 감정. ¶성이 나
서 펄펄 뛰다 / 친구 간에 그런 일로 성을 내서 쓰겠나 / 회초리
를 들고 성을 낼 줄 알았는데, 선생님이 씩 웃는 게 아닌가.≪김
원일, 노을≫ [출처: 표준국어대사전]

성이 머리끝까지 나다 「동사구」 성이 몹시 치밀다. ¶그는 성이 머리끝까

지 나서 가방을 내던지고 밖으로 나가 버렸다. [출처: 표준국어대
사전]

성질(性質) [성:질] 「명사」 「1」 사람이 지닌 마음의 본바탕. ¶성질 사나운
사람 / 성질이 못 되다 / 성질이 급하다. 「2」 사물이나 현상이
가지고 있는 고유의 특성. 늑성분. ¶화학적 성질 / 그 사건은 유
사한 성질을 가지고 있다 / 사건의 종류와 성질에 따라 조사방
법을 달리 했다.

성질-나다 [성:질라다] 「동사」 언짢거나 못마땅한 것이 있어 화가 나다. ¶
그는 참으려고 해도 성질나는 것은 어쩔 수 없었다.

성질-내다 [성:질래다] 「동사」 분노나 불만 따위를 이기지 못하고 몹시 화
를 내다. =성질부리다. ¶그 사람은 원래 얌전해서 웬만해서는
성질내지 않는다 / 그는 아침부터 성질내더니 집을 나가 버렸
다.

성질-부리다 [성:질부리다] 「동사」 분노나 불만 따위를 이기지 못하고 몹
시 화를 내다. 늑성질내다. ¶그렇게 성질부린다고 해결될 일이
아니다 / 그만한 일로 친구에게 성질부려서야 되겠어?

속앓이 [소가리] 「명사」 「1」 속이 아픈 병. 또는 속에 병이 생겨 아파하
는 일. ¶인절미 사오라는 말은 엄마의 속앓이가 가라앉았다는
것을 뜻했다 / 몸이 나으면 엄마는 언제나 인절미를 먹었다.≪
한수산, 부초≫ 「2」 겉으로 드러내지 못하고 속으로 걱정하거
나 괴로워하는 일. ¶장성댁뿐만 아니라 모든 낙월섬 사람들이
다 저 허연 물골에 눌려 팔자에 없는 속앓이를 하는 것 같아 귀
덕이는 그만 단숨에 길목을 타내리고 말았다.≪천승세, 낙월도
≫[출처: 표준국어대사전]

속앓이-하다 [소가리하다]「동사」「1」속에 병이 생겨 아파하다.「2」겉
　　으로 드러내지 못하고 속으로 걱정하거나 괴로워하다. ¶의사
　　들의 파업에 환자 가족들은 대놓고 말도 못하고 속앓이하고 있
　　다.

속이 끓다「동사구」「1」화가 나거나 억울한 일을 당하여 격한 마음이
　　속에서 치밀어 오르다. ¶그동안 당해 온 일을 생각하면 속이 끓
　　어서 잠을 이룰 수가 없다.「2」흥분하여 마음이 몹시 설레다.

속이 뒤끓다「동사구」화가 나거나 억울한 일을 당하여 격한 마음이 속
　　에서 매우 심하게 치밀어 오르다.

속이 썩다「동사구」오랫동안 억울한 일을 당하거나 화를 참느라 마음속
　　이 괴롭다. ¶말 안 듣는 아들 때문에 내가 속이 썩는다, 썩어.

속이 썩어 문드러지다「동사구」오랫동안 억울한 일을 당하거나 화를 참
　　느라 마음속이 매우 괴롭다. ¶아버지는 자신의 속이 썩어 문드
　　러지는 한이 있더라도 가족들을 위해 꾹 참고 회사를 다니셨
　　다.

속이 터지다「동사구」(사람이) 몹시 분하거나 답답하다. ¶그 사람이랑
　　말싸움을 하다 보면 어찌나 억지를 부리는지 아주 속이 터진다
　　니까요.

스마일마스크 증후군(smile mask 症候群/smile mask syndrome)「명사구」
　　《심리》밝은 모습을 보여야 한다는 강박관념에 사로잡혀 얼굴
　　은 웃고 있지만 마음은 우울한 상태가 이어지거나 식욕 등이
　　떨어지는 증상. 자신이 느끼는 감정을 억누른 채, 자신의 직무
　　에 맞게 정형화된 행위를 해야 하는 감정 노동은 감정적 부조
　　화를 초래하며 심한 스트레스를 유발한다. 이를 적절하게 해소

하지 못하는 경우 좌절, 분노, 적대감 등 정신적 스트레스와 우울증을 겪게 되며, 심한 경우 정신질환 또는 자살로 이어질 수 있으므로, 이에 대한 대비가 필요하다. [출처: 시사상식사전, pmg 지식엔진연구소]

신경쇠약(神經衰弱/neurasthenia) 「명사구」《심리》 신체적, 정신적으로 허약해지고 만성적인 피로와 신체의 여러 부위에 동통을 호소하는 증상. 의학적으로 내적 자극과 외부 자극에 대한 과민반응, 피로감, 불면증, 현기증, 수전증, 기억력 감퇴 등의 증상을 보인다. 이 증상은 현실신경증(actual neurosis)의 유형으로 여성보다 남성에게 많이 나타나는 경향이 있다. 정신분석에서는 과도한 도덕적 불안을 느낄 때 신경쇠약이 나타난다고 본다.[출처: 상담학 사전, 2016. 학지사.]

신경증(神經症) [신경쯩] 「명사」《심리》 심리적 원인에 의하여 정신 증상이나 신체 증상이 나타나는 병. 주로 두통·가슴 두근거림·불면 따위의 증상이 나타나며, 불안 신경증·히스테리·강박 신경증·공포증·망상 반응 따위가 있다.

신경질(神經質) [신경질] 「명사」 신경이 너무 예민하거나 섬약하여 사소한 일에도 자극되어 곧잘 흥분하는 성질. 또는 그런 상태. ¶신경질을 내다 / 신경질을 부리다 / 그는 신경질이 많다.

신경질을 내다 「동사구」 신경이 너무 예민하거나 섬약하여 사소한 일에도 자극되어 곧잘 흥분하는 마음을 내다. ¶그녀는 나를 보더니 다짜고짜 신경질을 냈다.

신경질이 나다 「동사구」 신경이 너무 예민하거나 섬약하여 사소한 일에도 자극되어 곧잘 흥분하는 마음이 생기다. ¶두호는 옆 사람이

다르랑거리는 소리에 신경질이 났다.

심경병(心境病) [심경뼝] 「명사」《역사》 최찬식의 신소설 「안의성」(1914)
에서 '화병'을 달리 이르던 말.

심병(心病) [심뼝] 「명사」 마음속의 근심. ¶어찌된 곡절을 몰라 심병이 될
지경이라.≪김교제, 모란화≫ / 생각이 간절할 때는 잠들기도
어려우니 잠 못 자는 심병이라.≪이인직, 모란봉≫[출처: 표준국
어대사전]

심신 질환(心身疾患) 「명사구」《심리》 심리적인 원인으로 신체에 일어나
는 병적인 증상. 병의 진단과 치료에 심리적인 배려가 필요하
다. ≒심신증(心身症).

심신증(心身症) [심신쯩] 「명사」《심리》 심리적인 원인으로 신체에 일어나
는 병적인 증상. 병의 진단과 치료에 심리적인 배려가 필요하
다. ≒심신 질환(心身疾患), 정신 신체증(精神身體症).

심울(心鬱) [시물] 「명사」 '심울하다'의 어근.

심울-하다(心鬱--) [시물하다] 「형용사」 마음이 답답하고 쓸쓸하다. ¶그녀
는 집에 무슨 일이 있는지 요즘 심울해 보인다.

심증(心症/心證) [심쯩] 「명사」 마음에 마땅하지 않아 화를 내는 일.

심화(心火) [심화] 「명사」 「1」 마음속에서 북받쳐 나는 화. ¶심화가 나다
/ 심화를 가라앉히다 / 그는 심화가 끓어올라 잔뜩 상을 찌푸렸
다. 「2」《한의》 마음속의 울화로 몸과 마음이 답답하고 몸에 열
이 높아지는 병. ≒심화병. ¶부모가 정해준 대로 시집을 갔었
는데요, 남자가 어떻게 싫던지 그만 도망을 쳤거든요. 그래서 엄
마는 심화로 돌아가신 거죠.≪홍성암, 큰물로 가는 큰 고기≫
「3」《한의》 심장(心臟)을 오행(五行)의 화(火)에 소속시켜 이르는

말. 「4」《한의》 심장(心臟)의 본질을 화(火)로 보아 심장의 정상적 생리 기능을 이르는 말. 「5」《한의》 지압하는 부위. 가운뎃손가락 끝마디를 이른다. [출처: 표준국어대사전]

심화가 오르다 「동사구」 마음속에서 불쾌한 마음이 북받쳐 올라오다.

심화병(心火病) [심화뼝] 「명사」《한의》 마음속의 울화로 몸과 마음이 답답하고 몸에 열이 높아지는 병. =심화(心火). ¶사업이 실패로 돌아가자 아버지는 심화병으로 자리에 누우셨다.

【ㅇ】

애가 달다 「동사구」 창자가 불에 달구어지는 것처럼 속이 아파지다. ¶끊임없는 고통에 아이가 울 때마다 아이 엄마는 애가 달아서 어쩔 줄을 모르고 있었다.

애가 타다 「동사구」 창자가 불에 타는 것처럼 속이 아파지다. ¶밤이 늦도록 아이가 집에 돌아오지를 않아서 애가 탄다.

애끓다 [애끈타] 「동사」 몹시 답답하거나 안타까워서 뱃속의 창자가 끊어지는 것처럼 괴로워지다. 늑애끓다, 애달다, 애타다. ¶오죽하면 자식을 떼어 놓는 아픔을 애끓는 아픔이라 하겠는가.

애끓다 [애끌타] 「동사」 몹시 답답하거나 안타까워서 뱃속의 창자가 뜨거운 물에 끓는 것처럼 괴로워지다. 늑애끓다, 애달다, 애타다. ¶30년 전에 남편을 잃은 그녀의 애끓는 사부곡(思夫曲)에 우리는 할 말을 잃고 노래를 듣고 있었다.

애달다 [애달다] 「동사」 마음이 쓰여 속이 불에 달구어지는 것처럼 아파오다. 늑애끓다, 애끓다, 애타다. ¶아들이 집에 들어오지 않자 어머니는 애달아서 안절부절못하셨다.

애를 태우다 「동사구」 「1」 (사람이 일에) 몹시 속이 상하도록 어려움을 겪게 하다. ¶언니가 곧 다가올 공무원 시험에 애를 태웠다. 「2」 (어떤 사람이 다른 사람의) 속이 몹시 상하도록 어려움을 겪게 하다. ¶아들은 밤늦도록 집에 돌아오지 않아 부모님의 애를 태웠다.

애타다 [애타다] 「동사」 몹시 답답하거나 안타까워 속이 끓는 듯하다. =애끓다, 애긇다, 애달다. ¶애타는 마음 / 소식을 애타게 기다리다 / 선은 이미 이 지구 위에서 소멸된 것이니까 애타게 찾아봐도 소용이 없다.≪유주현, 대한 제국≫[출처: 표준국어대사전]

열(熱) [열] 「명사」 「1」 병으로 인하여 오르는 몸의 열. =신열. ¶몸에 열이 있다 / 머리에 열이 난다. 「2」《화학》계(系)를 뜨겁게 해 주는 것. 계에 열이 가해지면 계를 구성하는 원자와 분자들의 무질서한 열운동이 활발하게 되어 온도가 올라간다. 「3」 열성 또는 열의(熱意). ¶나는 아이들에게 열과 성을 다해 컴퓨터를 가르쳤다. 「4」 격분하거나 흥분한 상태.

열김(熱-) [열낌] 「명사」 「1」 가슴속에서 타오르는 열의 운김. 늑홧김. ¶야구장에서 관중들이 열김에 소리를 질러댄다. 「2」 화가 나는 기회나 계기. =홧김. ¶그는 아내와 다투다가 열김에 집을 나왔다.

열불(熱-) [열뿔] 「동사」 「1」 매우 세차고 뜨거운 불. 「2」 매우 흥분하거나 화가 난 감정을 비유적으로 이르는 말. ¶열불이 나서 도저히 못 참겠다 / 시치미 뚝 떼고 오리발만 내밀던 녀석의 소행머리를 생각하니 속에서 다시 열불이 치밀어 오르는 것이었다.≪윤홍길, 완장≫[출처: 표준국어대사전]

열불을 내다 「동사구」 (사람이 어떤 일에) 몹시 흥분을 해서 화를 내다. ¶

작은어머니는 별 것 아닌 일에 열불을 내더니 그만 화병으로 자리보전하고 눕고 말았다.

열불이 나다 「동사구」 (비유적으로) (사람이) 몹시 흥분이 되고 화가 나다. ¶사람을 무시해도 분수가 있지, 정말 열불이 나서 못 참겠네.

열울(熱鬱) [여룰] 「명사」 「1」《한의》 울증(鬱症)의 하나. 정서 장애로 인하여 기(氣)가 뭉쳐 열로 변하여 얼굴이 충혈되고 두통 따위의 증상이 생긴다. 「2」《한의》 열이 몸 안에서 밖으로 빠지지 못하는 상태.

열증(熱症) [열쯩] 「명사」《의학》 열이 몹시 오르고 심하게 앓는 병. 두통, 식욕 부진 따위가 뒤따른다. =열병.

열통(熱-) [열통] 「명사」 열화(熱火)가 치밀어 마음속에서 부글부글 끓어오르는 기운. =분통(憤痛). ¶나는 도대체가 당신 때문에 열통이 터져서 못살겠어요.

열통을 내다 「동사구」 마음속에서 열화(熱火)를 치밀어 올려 부글부글 끓어오르게 하다. ¶그는 한참을 열통을 내다가 간신히 숨을 가라앉히고 조용히 생각에 잠겼다.

열통이 나다 「동사구」 마음속에서 치미는 열화(熱火)가 생기다. ¶무책임한 학교 정책에 하도 열통이 나서 참지 못하고 교장 선생님을 찾아 갔다.

열통이 터지다 「동사구」 마음속에서 치미는 열화(熱火)가 생겨서 한꺼번에 드러나다. ¶그렇게 제 마음을 몰라주시니 참으로 열통이 터집니다.

열-하다(熱--) [열하다] 「동사」 (마음 따위를) 뜨겁게 하다.

열화지숙증(熱火之宿証) [열화지숙쯩] 「명사」《역사》 가슴속의 해묵은 화병.

외상 후 격분 증후군(外傷後激憤症候群/Post-Traumatic Embitterment Disorder: PTED) 「명사구」《의학》 큰 정신적인 충격을 겪은 후에 화를 참지 못하는 병적 증세. ¶그는 외상 후 격분증후군으로 정신과 치료를 받았다.

외울열(外鬱熱) [외울렬] 「명사」《한의》 피부 등 몸의 겉면에 열(熱)이 얽히고 뭉치는 일.

우훙(憂薨) [우훙] 「명사」《역사》 울화병으로 임금이 죽는 일을 높여 이르던 말.

우훙-하다(憂薨--) [우훙하다] 「동사」《역사》 '(임금이) 울화병으로 죽다'를 높여 이르던 말이다.

울(鬱) [울] '울중(鬱症/鬱證)'을 달리 이르는 말. [출처: 동의학사전]

울결(鬱結) [울결] 「명사」「1」 가슴이 답답하게 막힘. ¶잃었던 돈을 되찾아 울결하였던 마음이 확 풀렸다. 「2」《한의》 기혈이 한곳에 몰려 흩어지지 않음. [출처: 동의학사전]

울결-하다(鬱結--) [울결하다] 「동사」「1」 가슴이 답답하게 막히다. 「2」《한의》 기혈이 한곳에 몰려 흩어지지 않다.

울광(鬱狂) [울광] 「1」 기(氣)·담(痰)·화(火) 등이 몰린 것이 원인이 되어 생긴 광증(狂症). 「2」 울중(鬱症/鬱證)을 겸한 광증. [출처: 동의학사전]

울기(鬱氣) [울기] 「명사」「1」 답답하고 우울한 기분. 「2」《한의》 기(氣)가 몰려 쌓인 것. 늑기울(氣鬱)

울병(鬱病) [울뼝] 「1」 늑울증(鬱症/鬱證). 「2」《한의》 상한병(傷寒病) 때 태양경(太陽經)의 열이 곧 내리지 않으면서 전경[傳經, 사기(邪氣)가

한 개 신경(神經)으로부터 다른 신경으로 옮겨가면서 병이 진전
되는 일이 되는 것. 울병은 대개 전경된다. [출처: 동의학사전]

울분(鬱憤) [울분]「명사」 답답하고 분함. 또는 그런 마음. ¶울분을 토하
　　다 / 우리도 창문 너머로 그들의 울분에 찬 목소리를 들었다.

울분을 터뜨리다/터트리다「동사구」 답답하고 분한 마음을 터뜨리다. ¶
　　그는 참고 참았던 울분을 터뜨렸다.

울분-하다(鬱憤--) [울분하다]「형용사」 답답하고 분한 상태이다. ¶울분한
　　심정 / 그는 울분한 나머지 가슴을 쳤다 / 그는 울분한 중에도
　　야속한 생각이 나서 알지 못하는 눈물이 그의 눈에 고였다.≪
　　나도향, 환희≫[출처: 표준국어대사전]

울불(鬱怫) [울불]「명사」《역사》 ‘울불하다’의 어근.

울불-하다(鬱怫--) [울불하다]「형용사」《역사》 답답하여 불끈 성이 나다.
　　¶격분이 대발하여…모인 이가 수만여 인이라. 종로로 모여 울
　　불한 것을 이기지 못하여 밤낮 통곡들 하여….≪독립신문≫[출
　　처: 표준국어대사전]

울사(鬱死) [울싸]「명사」 어떤 일로 답답해하다가 죽음.

울사-하다(鬱死--) [울싸하다]「동사」 (어떤 일로) 답답해하다가 죽다.

울색(鬱塞) [울쌕]「명사」 기분이 답답하여 막힘.

울색-하다(鬱塞--) [울쌔카다]「동사」 기분이 답답하여 막히다.

울수(鬱嗽) [울쑤]「명사」《한의》 해수(咳嗽)의 하나. 몸에 화(火)가 있어
　　진액이 부족하여 가래는 생기지 않고 마른기침만 나는 일.

울수-하다(鬱嗽--) [울쑤하다]「동사」《한의》 (몸에 화(火)가 있어 진액이 부족
　　하여) 가래는 생기지 않고 마른기침만 나다.

울연(鬱然) [우련] ‘울연하다’의 어근.

울연-하다(鬱然--) [우련하다]「형용사」숨이 막힐 듯이 갑갑하다. =답답
하다. ¶울연한 기분 / 속이 울연하다.

울열증(鬱熱症) [우럴쯩]「명사」《의학》고온 다습한 환경에서, 몸의 열을
밖으로 내보내지 못하여 생기는 병. 체온이 높아져서 두통과
현기증의 증세가 나타나고 심하면 의식 장애나 경련 등을 일으
키는데, 방치하면 사망하기도 한다. 〈네이버 국어사전〉

울울성병(鬱鬱成病) [우룰썽뼝]「명사」너무 속이 상하고 우울하여 병이
남. [출처: 동의학사전]

울증(鬱症/鬱證) [울쯩]「명사」《한의》마음이 편치 않고 기(氣)가 몰려 있
는 병증. 기가 부족하거나 칠정(七情)·육음(六淫)·음식 등에 의
하여 생긴다. 대체로 초기에는 기울(氣鬱)이 기본이기 때문에
기를 잘 돌아가게 하는 방법으로 치료한다. 크게 실증(實證)과
허증(虛證)으로 나누는데 실증에 속하는 것이 비교적 많다. 울
증을 오기(五氣)와 결부시켜서 목울(木鬱)·화울(火鬱)·토울(土
鬱)·금울(金鬱)·수울(水鬱)로 나누었는데 이것을 오울(五鬱)이
라고도 한다. 어떤 책에서는 기울(氣鬱)·혈울(血鬱)·습울(濕鬱)·
열울(熱鬱)·담울(痰鬱)·식울(食鬱)을 합해서 육울(六鬱)이라 하
였고, 칠정과 결부시켜서 노울(怒鬱)·사울(思鬱)·우울(憂鬱)·비
울(悲鬱)·경울(驚鬱)·공울(恐鬱)로, 이밖에 오장부(五臟腑)와 결
부시켜서 심울(心鬱)·간울(肝鬱)·폐울(肺鬱)·비울(脾鬱)·신울(腎
鬱)·담울(膽鬱) 등으로 나눈 데도 있다. 신경쇠약증, 만성위염,
고혈압병 때에 볼 수 있다. 늑울(鬱). [출처: 동의학사전]

울체(鬱滯) [울체]「명사」《한의》기혈(氣血)이나 수습(水濕) 등이 퍼지지
못하고 한곳에 몰려서 머물러 있는 것을 말한다. 동의고전에

기(氣)나 혈(血)이 울체되면 통증이 있고 지각이 둔해지며 마비가 오고 어혈(瘀血) 등이 생기며 수습이 울체되면 부종(浮腫), 담음(痰飮) 등이 생긴다고 하였다. [출처: 동의학사전]

울칩(鬱蟄) [울칩] 「명사」 마음이 우울하여 집에만 꾹 들어앉아 있음.

울칩-하다(鬱蟄--) [울치파다] 「동사」 마음이 우울하여 집에만 꾹 들어앉아 있다.

울혈(鬱血) [울혈] 「명사」《의학》 몸 안의 장기나 조직에 정맥의 피가 몰려 있는 증상. 혈관 안의 이물이나 혈전 따위로 국소적으로 일어나는 경우와 오른 심장 기능 상실이나 심장막염 따위로 전신적으로 일어나는 경우가 있다.

울혈 간(鬱血肝) 「명사구」《의학》 간장에 피가 몰려 부은 상태. 심장 기능 상실이 원인이다. [출처: 동의학사전]

울혈성(鬱血性) [울혈썽] 「명사」《의학》 어떤 병이나 증상이 혈액 순환의 장애로 일어나는 성질.

울혈 지라(鬱血--) 「명사구」《의학》 지라에 생기는 울혈. 심장 판막의 장애 따위가 원인으로, 오랫동안 계속되면 지라의 결합 조직이 커지고 굳어지는 수가 있다. [출처: 동의학사전]

울화(鬱火) [울화] 「명사」《한의》「1」 양기(陽氣)가 몰려서 생긴 화증(火症). 일반적으로 울화 때는 머리가 몹시 아프고 눈이 충혈되며 입안이 헐고 배가 아프며 변비가 오고 소변이 벌겋게 되며 혀가 붉어지고 누런 설태가 끼며 맥이 삭(數)하면서 실(實)한 증상이 나타난다. 「2」 마음속이 답답하여 일어나는 화. ¶울화가 나다 / 울화가 터지다 / 그는 불쑥 치미는 울화를 가라앉히려고 노력했다.

울화병(鬱火病) [울화뼝] 「명사」《한의》억울한 마음을 삭이지 못하여 간의 생리 기능에 장애가 와서 머리와 옆구리가 아프고 가슴이 답답하면서 잠을 잘 자지 못하는 병. 늑울화중, 화병. ¶화류계로 떨어진 딸의 행실이 가문의 수치라 하여 하고많은 날 술로 세월을 보내다가 결국 아버지는 울화병으로 쓰러지고 말았다.≪윤흥길, 완장≫[출처: 표준국어대사전]

울화 오한(鬱火惡寒)「명사구」《한의》오한(惡寒)의 하나. 사열(邪熱)이 속에 몰려 양기(陽氣)를 막아서 생긴다. 가한증(假寒症) 때와 같이 오슬오슬 춥고 팔다리가 차지만 갈증이 나서 찬물을 마시며 가슴과 배에 열감이 있다. 또한 소변은 벌겋고 대변은 굳으며 설질은 붉고, 설태는 누른 것 등 진열(眞熱) 증상이 있다. 이열(里熱)을 없애는 방법으로 백호탕(白虎湯)이나 승기탕 등을 쓴다.
[출처: 동의학사전]

울화증(鬱火症) [울화쯩] 「명사」《한의》억울한 마음을 삭이지 못하여 간의 생리 기능에 장애가 와서 머리와 옆구리가 아프고 가슴이 답답하면서 잠을 잘 자지 못하는 병. =울화병.

울화통(鬱火-) [울화통] 「명사」몹시 쌓이고 쌓인 마음속의 화를 속되게 이르는 말. 늑화통. ¶울화통을 터뜨리다 / 경쟁자가 생겨서 그에게 감투를 빼앗긴 격이 되었고 보면 울화통이 안 터질 도리가 없었다.≪하근찬, 야호≫[출처: 표준국어대사전]

울화통이 터지다「동사구」몹시 쌓이고 쌓인 마음속의 화가 한꺼번에 드러나다. ¶배신을 당했다는 사실에 울화통이 터졌다 / 울화통이 터져서 입술만 벌벌 떨고 있는 대원군의 모습은 보기에도 불쌍할 지경이었다.

울홧술(鬱火-) [울화쑬/울활쑬] 「명사」 홧김에 또는 마음속이 답답하고 화가 일어나서 마시는 술.

원열(冤熱) [워:녈] 「명사」《한의》 열이 몹시 심하여 속이 답답하고 괴로운 증상. =울열.

원한(怨恨) [원:한] 「명사」 억울하고 원통한 일을 당하여 응어리진 마음. 늑구한, 원. ¶원한이 맺히다 / 원한을 품다.

원화(冤火) [원:화] 「명사」 원통한 일을 당해서 쌓인 화(火).

응어리 [응어리] 「명사」 「1」 근육이 뭉쳐서 된 덩어리. ¶응어리가 들다 / 매 맞은 자리에 응어리가 생겼다. 「2」 가슴속에 쌓여 있는 한이나 불만 따위의 감정. ¶가슴에 맺힌 응어리 / 응어리가 남다 / 가슴속의 응어리를 풀다. 「3」 사물 속에 깊이 박힌 것. 「4」 과실의 씨가 박힌 부분. ¶응어리를 도려내다. 「5」 액체 종류가 차지게 뭉쳐진 덩어리. ¶가래 응어리가 쉴 새 없이 넘어오고 있었다.≪이문구, 해벽≫[출처: 표준국어대사전]

응어리-지다 [응어리지다] 「동사」 「1」 가슴속에 한이나 불만 따위의 감정이 쌓여 덩어리처럼 되다. ¶슬픔이 응어리지다 / 그는 가슴에 응어리진 울분을 터트렸다 / 삼십 년 가까운 세월 동안 가슴속에서 응어리져 온 분노와 원한을 씻어내는 눈물이었다.≪이문열, 황제를 위하여≫ 「2」 액체 종류가 차지게 뭉쳐 덩어리처럼 되다. ¶이따금 회백색의 거품이 냇물 표면에 응어리져 떠내려가고 있었다.≪김원일, 도요새에 관한 명상≫[출처: 표준국어대사전]

【ㅈ】

적울(積鬱) [저굴] 「명사」 「1」 오래 쌓인 울분. ¶적울을 풀다 / 적울로 울

화병이 나다. 「2」 겹겹이 쌓이고 쌓임. 「3」《한의》 오래된 울증
(鬱症).

적울-하다(積鬱--) [저굴하다] 「동사」 「1」 (울분이나 화 따위가) 오래 쌓이다.
「2」 (무엇이) 겹겹이 쌓이고 쌓임.

정신 신체증(精神身體症) [정신신체쯩] 「명사구」《심리》 심리적인 원인으
로 신체에 일어나는 병적인 증상. 병의 진단과 치료에 심리적
인 배려가 필요하다. =심신 질환, 심신증.

증(症) [증] 「명사」 「1」 병을 앓을 때 나타나는 여러 가지 상태나 모양.
=증세. ¶내가 남포에 가던 전날 밤에는 그 증이 더욱 심하였
다.≪염상섭, 표본실의 청개구리≫ 「2」 걸핏하면 화를 왈칵 내
는 증세.=화증(火症). ¶뜰아래서부터 도체찰사 좌의정 유성룡
과 부체찰사 병조 판서 김응남을 손가락질하며 증이 나서 부르
짖는다.≪박종화, 임진왜란≫ 「3」 싫은 생각이나 느낌. 또는 그
런 반응. =싫증. [출처: 표준국어대사전]

【ㅊ】

천불 [천불] 「명사」 '천 개의 불'이라는 뜻으로 매우 심하게 화(火)가 나는
일을 비유적으로 이르는 말.

천불이 나다 「동사구」 천 개의 불에서 나는 열기가 날 정도로 몹시 눈에
거슬리거나 화가 나다. ¶그 녀석이 하는 일을 보고 있자니 속이
답답해서 천불이 난다 / 속에서 천불이 나서 못 견디겠네 / 아
무리 노한 감정을 감추려고 해도 눈에 천불이 나는 것을 어찌
할 수는 없었다.

천불이 일다 「동사구」 천 개의 불에서 나는 열기가 날 정도로 몹시 화가

생기다. ¶사랑하는 그가 다른 사람을 만나는 것을 직접 보니 눈
에서 천불이 일었다.

청열(淸熱) [청열] 「명사」《한의》 차고 서늘한 성질의 약을 써서 열증(熱
症)을 제거하는 일.

청열-하다(淸熱--) [청열하다] 「동사」《한의》 차고 서늘한 성질의 약을 써
서 열증(熱症)을 제거하다.

청심(淸心) [청심] 「명사」《한의》 심화(心火)를 없애는 일. 보통 성질이 찬
약을 써서 없앤다. =청화(淸火) [출처: 〈한의학대사전〉, 2001, 한의학
대사전 출판위원회]

청심-하다(淸心--) [청심하다] 「동사」《한의》 (약을 써서) 심화(心火)를 없애
다. =청화하다(淸火--).

청화(淸火) [청화] 「명사」《한의》 심화(心火)를 없애는 일. 보통 성질이 찬
약을 써서 없앤다. =청심(淸心) 〈한의학대사전〉

청화-하다(淸火--) [청화하다] 「동사」《한의》 (약을 써서) 심화(心火)를 없애
다. =청심하다(淸心--).

【ㅍ】

풍화(風火) [풍화] 「명사」《한의》 병의 원인이 되는 풍기(風氣)와 화기(火氣).

피가 끓다 「동사구」 「1」 (사람이 기분 나쁜 감정 따위가) 격렬하게 북받쳐 오
르다. ¶어린 시절 가난하다고 동네 아이들에게 무시당하던 생각
만 하면, 어른이 된 지금도 피가 끓는다. 「2」 (사람이) 혈기가 왕성
하다. ¶피가 끓는 젊은 나이에 못할 게 뭐가 있단 말인가.

【ㅎ】

한(恨) [한:]「명사」몹시 원망스럽고 억울하거나 안타깝고 슬퍼 응어리진 마음. ¶한이 맺히다.

한국의 문화결합증후군(韓國의 文化結合症候群, culture bounded syndrome of Korea)「명사구」《심리》'화병'을 달리 이르는 말. ¶흔히들 화병을 한국의 문화결합증후군이라고 한다.

한풀이(恨--) [한:푸리]「명사」한을 푸는 일. ¶고향에 돌아온 실향민들은 수십 년 맺힌 한풀이를 하듯 온종일 동네방네 돌아다니며 아리랑을 불렀다.

한풀이하다(恨----) [한:푸리하다]「동사」한을 풀다. ¶탑골 공원의 어르신들을 지켜보며 나는 자신들의 지난 인생의 회한을 우르르 몰려다니며 한풀이하는 그런 어른은 되지 말자고 다짐했다.

허열(虛熱) [허열]「명사」《한의》몸이 허약하여 나는 열. =허화(虛火).

허화(虛火) [허화]「명사」《한의》「1」몸이 허약하여 나는 화(火). 즉 진음(眞陰)이 부족하여 생긴 화(火)를 말한다. 실화(實火)에 상대되는 말이다. 일반적으로 허화(虛火)는 음(陰)이 부족하여 생기기 때문에 허화(虛火)가 있을 때는 음허(陰虛) 증상이 나타난다. 즉 양볼이 벌개지고 미열이 나며 손발바닥이 달아오르고 가슴에 번열(煩熱)이 나면서 답답하고 불면증이 있으며 식은땀이 나고 입과 목구멍이 마르며 골증노열(骨蒸勞熱)이 있고 맥이 세삭(細數)하면서 힘이 없는 증상이 나타난다. =허열(虛熱).「2」음성 격양(陰盛格陽) 때 생기는 가열(假熱) 증상을 말한다. [출처: 동의학사전]

혼불(魂-) [혼뿔]「명사」「방언」(전남/전북) 사람의 혼을 이루는 바탕. 죽기 얼마 전에 몸에서 빠져나간다고 하는데, 크기는 종발 만하며 맑고 푸르스름한 빛을 띤다고 한다.

화(火) [화:] 「명사」 몹시 못마땅하거나 언짢아서 나는 성. ¶화가 치밀다.

화가 나다 「동사구」 성이 나서 화기(火氣)가 생기다. ¶밤을 새우고 들어온 나를 보자 아버지는 화가 머리끝까지 나서 소리를 지르셨다.

화가 동하다 「동사구」 참고 참던 성난 기운이 더는 억제되지 아니하여 사람으로 하여금 격한 발언이나 행동을 하게 하다. ¶물건을 잃고 속상한 판에도 이 천재적으로 우열을 가리고 사람의 속을 쿡쿡 쑤셔대는 민기에 종혁은 살짝 화가 동했다.≪이정환, 샛강≫

화가 뜨다 「동사구」 노여워 분이 치밀어 오르다. ¶노 첨지는 아들의 병과 딸의 횡액으로 해서 화가 떴다.≪홍명희, 임꺽정≫

화가 머리끝까지 나다 「동사구」 극도로 화가 나다. ¶밤을 새우고 들어온 나를 보자 아버지는 화가 머리끝까지 나서 소리를 지르셨다. =화가 머리끝까지 치밀다.

화가 머리끝까지 치밀다 「동사구」 극도로 화가 나다. ¶화가 머리끝까지 치민 삼석이는 부지중에 조선말로 욕을 퍼붓는다.≪박경리, 토지≫ =화가 머리끝까지 나다.

화가 홀아비 동심(動心)하듯 「속담」 화가 수시로 불끈 일어나는 모양을 홀아비가 여성을 볼 때마다 마음이 동하는 모습에 비유하여 이르는 말.

화기(火氣) [화:기] 「명사」 「1」 불에서 느껴지는 뜨거운 기운. =불기운. ¶훈훈한 화기가 감돌다 / 방에는 추위를 막아 줄 화기 하나 없었다. 「2」 가슴이 번거롭고 답답하여지는 기운. ¶좀처럼 가슴에 남아 있는 화기가 가시지 않는다 / 하고 싶은 말을 못 하게 하니 마음속에 화기가 느껴졌다. 「3」 걸핏하면 화를 왈칵 내는 증세.=화증(火症). ¶정열로 타오르는 눈이 아니라 분노로 미칠 것같이 화기가 숯불처럼 피어오르기 시작하는 눈이었다.≪유주현, 하오의 연가≫ 「4」 불에 덴 자리에서 나는 독기. ¶덴 곳은 화기로 화끈화끈하더니 잠시 후 물집이 생겼다. [출처: 표준국어대사전]

화담(火痰) [화:담] 「명사」《한의》 담음(痰飮)의 하나. 본래 담이 있는 데다 열이 몰려 생기는데, 몸에 열이 심하고 가슴이 두근거리며 입이 마르고 목이 잠긴다. =열담(熱痰)

화두통(火頭痛) [화:두통] 「명사」《한의》 두통(頭痛)의 하나. 양명위화(陽明胃火)가 위로 올라가서 생긴다. 머리가 쿡쿡 쑤시거나 뻐근하게 아프며 혹 통증이 볼이나 귓속, 이빨에까지 뻗친다. 또한 번열(煩熱)이 나고 갈증이 나며 변비가 있고 맥이 홍대하다. 청열사화(淸熱瀉火)하는 방법으로 백호탕(白虎湯), 옥녀전(玉女煎)을 쓴다. 혈관성 두통으로, 귀나 이빨의 병으로 오는 두통 때 볼 수 있다. ≒화사 두통(火邪頭痛), 화열 두통(火熱頭痛). [출처: 동의학사전]

화딱지(火--) [화:딱찌] 「명사」 '화'를 속되게 이르는 말. ¶시간은 없고 할 일은 많아 화딱지만 난다.

화를 끓이다 「동사구」 화를 시원하게 풀지 못하고 혼자 끙끙거리다. ≒심화를 끓이다. ¶오래 화를 끓이면 병이 된다 / 그렇게 화를 끓인다고 해결되겠니? 나가서 바람이나 쐬고 오렴.

화를 내다 「동사구」 몹시 노하여 화증(火症)을 내다. ¶툭하면 소리 지르고 화내는 그 사람이 나는 싫다.

화를 돋우다「동사구」몹시 노하여 화가 나게 만들다. ¶날마다 옆에 앉아서 잔소리를 해대며 화를 돋우더니 어느새 폭삭 늙어 버린 아내의 목소리에 정신을 차려 보니 우리네 세월은 저만치 흘러가 버렸다.

화를 삭이다「동사구」몹시 노하여 발생한 화증(火症)을 가라앉히다. ¶그녀는 우글부글하는 화를 삭이느라 애를 썼다 / 그는 치받는 화를 삭이려고 심호흡을 하고 있다.

화병(火病/hwabyoung) [화:뼝]「명사」《한의》억울한 마음을 삭이지 못하여 간의 생리 기능에 장애가 와서 머리와 옆구리가 아프고 가슴이 답답하면서 잠을 잘 자지 못하는 병. 1994년에 미국정신의학협회에서 발간한 〈정신질환 진단 및 통계 편람(DSM/Diagnostic and Statistical Manual of Mental Disorders)〉 IV판에 문화연계증후군의 일환으로서 화병(hwabyoung)이 포함되었다가 2013년 발행된 DSM 5판에서는 목록에서 배제되었다. =울화병(鬱火病). ¶화병이 들다 / 사기꾼에게 된통 당한 어머니는 그만 화병으로 몸져 눕게 되었다.

화사 두통(火邪頭痛)「명사구」《한의》≒화두통(火頭痛).

화열 두통(火熱頭痛)「명사구」《한의》≒화두통(火頭痛)

화울발지(火鬱發之) [화:울발찌]「명사」《한의》치료 원칙의 하나. 화(火)가 몰려서 생긴 병증은 발산(發散)시키는 원칙에서 치료해야 한다는 말이다. 예를 들어, 온열(溫熱)에 의한 사기(邪氣)가 위분(衛分)에 침입하여 열(熱)이 나고 속이 달아올라서 안타까워 안절부절못하고 갈증이 나며 땀은 나지 않고 거칠면서 누런 설태가 끼는 증상이 나타날 때, 맛이 맵고 성질이 서늘한 해표약(解表

樂)으로 열을 발산시키는 일 따위를 말한다. [출처: 동의학사전]

화울탕(火鬱湯) [화:울탕] 「명사」《한의》화울(火鬱)로 가슴이 답답하고 손
발바닥이 달아오르고 번열(煩熱)이 나는 데 쓰는 약. '승양산화
탕(升陽散火湯)'에서 독활, 구감초를 뺀 약을 한 첩으로 하여 물
에 달여 먹는다. [출처: 동의학사전]

화중(火中) [화:중] 「명사」《한의》유중풍(類中風)의 하나. 심화(心火)가 몹
시 성하거나 허화(虛火)로 생긴다. 갑자기 정신을 잃고 넘어지
며 입과 눈이 비뚤어지고 말을 하지 못하며 가슴이 답답하고
입안이 마르며 변비가 있다. 심화를 내리고 정신을 맑게 하는
방법으로 우황청심환(牛黃淸心丸), 양격산(涼膈散)을 쓴다. 만일
신음(腎陰)이 부족하고 허화가 치밀 때는 신음을 보하면서 허화
를 내리는 방법으로 육미지황환(六味地黃丸)을 쓴다. =중화(中
火). [출처: 동의학사전]

화증(火症/火證) [화:쯩] 「명사」 걸핏하면 화를 왈칵 내는 증세. 늑증(症),
화기(火氣). ¶그 모친이 그 말을 듣더니 화증을 와락 내고 주먹
을 들어 마루청이 꺼지도록 치며…. ≪최찬식, 금강문≫[출처: 표
준국어대사전]

화증머리(火症--) [화:쯩머리] 「명사」 '화증'을 속되게 이르는 말.

화창(火脹) [화:창] 「명사」《한의》창만(脹滿)의 하나. 울화(鬱火)로 생긴다.
얼굴에 윤기가 없고 몸이 여위며 배는 불어나고 아프면서 굳은
것이 만져진다. 울화를 풀어주면서 기(氣)를 고르게 하는 방법
으로 향련환(香連丸)을 쓴 다음 백출탕(白朮湯)을 쓴다. [출처: 동
의학사전]

화풀이(火--) [화:푸리] 「명사」「1」 화를 풀려고 하는 일. 늑심화풀이. ¶화

풀이로 술을 마시다. 「2」 화난 감정을 푼다는 뜻으로, 오히려 다른 사람에게 화를 냄을 이르는 말. ¶그는 밖에서 당한 일로 애꿎은 식구들에게 화풀이를 해댔다.

화풀이하다(火----) [화:푸리하다] 「동사」 오히려 다른 사람에게 화를 내다. 화난 감정을 푼다는 뜻에서 나온 말이다. ¶만만한 상대를 만난 장은 권 씨를 노리갯감으로 삼아 화풀이할 작정임을 분명히 하면서 동료들에게 은밀히 눈짓을 보냈다.≪윤흥길, 날개 또는 수갑≫[출처: 표준국어대사전]

화화(化火) [화:화] 「명사」《한의》 몸에서 나는 열(熱)이 화(火)로 바뀌는 일. 화화(化火) 때는 장부(臟府)의 기능이 병적으로 항진된 증상이 나타난다. 풍(風)·한(寒)·서(暑)·습(濕)·조(燥)는 일정한 조건에서 다 화(火)로 변할 수 있고 오지(五志)가 울결(鬱結)되거나 음액(陰液)이 허손되어도 화가 생길 수 있다. 풍·한·서·습·조 또는 오지 등 병인에 의하여 생긴 화를 실화(實火)라 하고, 음(陰)이 허(虛)해서 생긴 화(火)를 허화(虛火)라고 한다. 실화 때에는 일반적으로 열이 심하고 번갈(煩渴)이 나서 잠을 자지 못하고 정신이 혼미하여 날치며 반진이 돋거나 코피, 각혈, 요혈, 변혈 등 혈 증상이 나타난다. 허화 때에는 음허(陰虛) 증상이 뚜렷하게 나타난다. [출처: 동의학사전]

화화-하다(化火--) [화:화하다] 「동사」《한의》 (몸에서 나는 열이) 화(火)로 바뀌다.

화화소양(火化少陽) [화:화소양] 「명사」《한의》 소양(少陽)이 사천(司天)하여 화(火)로 바뀌는 일. 삼음삼양(三陰三陽)을 육기(六氣)에 나누어 소속시킨 것 중에서 소양(少陽)은 상화(相火)의 기(氣)에 속한

다는 말이다. [출처: 동의학사전]

화통(火-) [화:통] 「명사」 몹시 쌓이고 쌓인 마음속의 화를 속되게 이르는
　　말. =울화통. ¶화통 터지다.

홧김(火ㅅ김-) [화:낌/홛:낌] 「명사」 「1」 가슴속에서 타오르는 열의 운김.
　　=열김. ¶이렇게 쌍불이 돋다 턱턱 숨 막히는 달음질은 안 쳐도
　　될 것이라고 생각하자 새삼 귀덕이의 가슴속으론 홧김이 불길
　　처럼 치솟았다.≪천승세, 낙월도≫「2」(주로 '홧김에' 꼴로 쓰여)
　　화가 나는 기회나 계기. 늑열김. ¶구박을 받다가 어떤 날 참지
　　못해 홧김에 어떤 녀석과 싸움을 벌인 끝에 그의 장딴지를 분
　　질러 놓아 그만 퇴학을 맞았다는 것이었다.≪박태순, 어느 사
　　학도의 젊은 시절≫[출처: 표준국어대사전]

홧김에 서방질한다 「속담」 화(火)를 이기지 못하여 될 대로 되라고 탈선
　　까지 하여 결국 제 신세를 망치게 된다는 뜻으로 이르는 말. 늑
　　홧김에 화냥질한다. ¶홧김에 서방질한다더니 그 친구 도대체
　　못하는 짓이 없네.

홧김에 화냥질한다 「속담」 화를 이기지 못하여 될 대로 되라고 탈선까지
　　하여 결국 제 신세를 망치게 된다는 뜻으로 이르는 말. 늑홧김
　　에 서방질한다. ¶일을 그런 식으로 처리하다 보면 자칫하면 적
　　(敵)이 쳐놓은 올가미에 걸려 '빈대 잡자고 초가삼간 태우는 격'
　　이 되고 '홧김에 화냥질한다'는 우거망동(愚擧妄動)이 될 수 있다.

홧담배(火ㅅ--) [화:땀배/홛:땀배] 「명사」 홧김에 피우는 담배.

홧담배질(火ㅅ---) [화:땀배질/홛:땀배질] 「명사」 홧김에 자꾸 담배를 피우
　　는 짓. ¶그는 화가 나서 연방 홧담배질만 해대었다.

홧담배질하다(火ㅅ-----) [화:땀배질하다/홛:땀배질하다] 「동사」 홧김에 자꾸

담배만 피우다.

홧술(火ㅅ-) [화:쑬/홛:쑬] 「명사」 홧김에 마구 마시는 술. ¶홧술을 마시다 / 진수의 얼굴은 밝지만은 않았다. 홧술이라도 먹고 앉았던 것이 분명하다고 느끼며….≪한수산, 유민≫[출처: 표준국어대사전]

히스테리(독.Hysterie) [히스테리] 「명사」 「1」《의학》정신 신경증의 한 유형. 정신적 원인으로 운동 마비, 실성(失性), 경련 따위의 신체 증상이나 건망 따위의 정신 증상이 나타난다. 「2」《심리》정신적 원인에 의하여 일시적으로 일어나는 비정상적인 흥분 상태를 통틀어 이르는 말. ¶히스테리를 부리다.

2. 심화(心火)—짝사랑이라는 이름의 화병(火病)

김열규, 「원한과 화증」, 『정문연 학술담론 : 한국인의 화병-그 정신문화적 진단과
    처방』(형성과 창조, 2-1), 한국정신문화연구원, 1997.

김진, 「"원한과 화증"에 대한 논평II」, 『정문연 학술담론 : 한국인의 화병-그 정신
    문화적 진단과 처방』(형성과 창조, 2-1), 한국정신문화연구원, 1997.

김형효, 「"원한과 화증"에 대한 논평III -恨의 문하에 대한 다른 측면의 이해」, 『정
    문연 학술담론 : 한국인의 화병-그 정신문화적 진단과 처방』(형성과 창조,
    2-1), 한국정신문화연구원, 1997.

문순태, 「"원한과 화증"에 대한 논평I - 문제는 解怨의 방법에 있다」, 『정문연 학
    술담론 : 한국인의 화병-그 정신문화적 진단과 처방』(형성과 창조, 2-1), 한국
    정신문화연구원, 1997.

엄기영, 「지귀설화의 형성배경과 역사적 의미」, 민족문화연구 47, 민족문화연구
    원, 2007.

조용호, 「지귀설화고(志鬼說話攷)-인도 및 중국 설화와의 대비 연구」, 고전문학연
    구 12, 한국고전문학회, 1997.

최상진. 『한국인의 심리학』, 학지사, 2011.

황패강, 「지귀설화소고-「술파가」 설화와의 비교연구」, 동양학 5, 단국대 동양학
    연구소, 1975.

3. 기록으로 남은 화병—화병에 걸린 왕들

김종우 · 현경철 · 황의완, 「화병(火病)의 기원에 관한 고찰」, 『동의신경정신과학

회지』 제10권 제1호, 1999.

강현식, 『심리학으로 보는 조선왕조실록』, 살림, 2008.

김태형, 『심리학자, 정조의 마음을 분석하다』, 역사의 아침, 2009.

범효춘, 「자식을 망가뜨린 어느 아비의 마음병」, 신동흔 외 지음, 『프로이트, 심청을 만나다』, 웅진지식하우스, 2010.

이상곤, 『왕의 한의학』, 사이언스 북스, 2014.

4. 유전인가 직업병인가 — 임금님들의 화병

김종우 · 현경철 · 황의완, 「화병(火病)의 기원에 관한 고찰」, 『동의신경정신과학회지』 제10권 제1호, 1999.

이상곤, 『왕의 한의학』, 사이언스 북스, 2014.

이시형, 「화병의 정신의학적 접근」, 『정문연 학술담론 : 한국인의 화병-그 정신문화적 진단과 처방』(형성과 창조, 2-1), 한국정신문화연구원, 1997.

김종주, 「"화병의 정신의학적 접근"에 대한 논평 1」, 『정문연 학술담론 : 한국인의 화병-그 정신문화적 진단과 처방』(형성과 창조, 2-1), 한국정신문화연구원, 1997.

이근후, 「"화병의 정신의학적 접근"에 대한 논평 2」, 『정문연 학술담론 : 한국인의 화병-그 정신문화적 진단과 처방』(형성과 창조, 2-1), 한국정신문화연구원, 1997.

권희영, 「"화병의 정신의학적 접근"에 대한 논평 3」, 『정문연 학술담론 : 한국인의 화병-그 정신문화적 진단과 처방』(형성과 창조, 2-1), 한국정신문화연구원, 1997.

최상진, 『한국인의 심리학』, 학지사, 2011.

5. 대가족 제도의 희생양—고전소설 주인공의 화병

장시광, 「〈성현공숙렬기〉에 나타난 부부 갈등의 성격과 여성 독자」, 『동양고전
　　　연구』 27, 동양고전학회, 2007.
한정미, 「〈완월회맹연〉 여성 인물 간 폭력의 양상과 서술 시각」, 『한국고전연구』
　　　25집, 한국고전연구학회, 2012.
탁원정, 「국문장편소설 〈완월회맹연〉에 나타난 여성 인물의 병과 그 의미-소교
　　　완, 이자염, 장성완을 대상으로-」, 『Journal of Literarytherapy』 40, 2016.7.
탁원정, 「정신적 강박증과 육체의 지병-국문장편소설을 대상으로」, 『고소설연
　　　구』 41, 한국고소설학회, 2016.

6. 자식이 웬수—부모들의 훈장, 화병

전병재, 「화병의 사회심리학」, 『정문연 학술담론 : 한국인의 화병-그 정신문화적
　　　진단과 처방』(형성과 창조, 2-1), 한국정신문화연구원, 1997.
최상진, 「"화병의 사회심리학"에 대한 논평 1」, 『정문연 학술담론 : 한국인의 화
　　　병-그 정신문화적 진단과 처방』(형성과 창조, 2-1), 한국정신문화연구원,
　　　1997.
최봉영, 「"화병의 사회심리학"에 대한 논평 2」, 『정문연 학술담론 : 한국인의 화
　　　병-그 정신문화적 진단과 처방』(형성과 창조, 2-1), 한국정신문화연구원,
　　　1997.
이종철, 「"화병의 사회심리학"에 대한 논평 3」, 『정문연 학술담론 : 한국인의 화

병-그 정신문화적 진단과 처방』(형성과 창조, 2-1), 한국정신문화연구원, 1997.

최상진. 『한국인의 심리학』, 학지사, 2011.

7. 아내의 도리―뒤틀린 부부관계와 화병

김종우, 『홧병』, 여성신문사, 1999.

김종우, 『화병으로부터의 해방』, 여성신문사, 2007.

탁원정, 최수현, 『감상사전 4 - 국문장편 고전소설, 성현공숙렬기, 임씨삼대록』, 민속원, 2015.